# ESTE LIBRO ES GAY

# JAMES DAWSON

# ESTE LIBRO ES GAY

## ILUSTRACIONES DE SPIKE GERRELL

Traducción de Antonio-Prometeo Moya

**PUCK**

Argentina – Chile – Colombia – España
Estados Unidos – México – Perú – Uruguay – Venezuela

Título original: *This Book Is Gay*
Editor original: Hot Key Books, Londres
Traducción: Antonio-Prometeo Moya

1.ª edición Marzo 2015

ISBN: 978-84-96886-40-7
E-ISBN: 978-84-9944-815-2
Depósito legal: B. 2.518 - 2015

Fotocomposición: Ediciones Urano, S.A.
Impreso por: Rodesa, S.A. – Polígono Industrial San Miguel
Parcelas E7-E8 – 31132 Villatuerta (Navarra)

Impreso en España – *Printed in Spain*

Este libro está dedicado a todas las personas
que alguna vez se han hecho preguntas.

# ÍNDICE

# NOTA DEL AUTOR

*Este libro es gay* es una recopilación de datos, de ideas y anécdotas personales, pero también de testimonios de más de trescientos asombrosos LGBT* que han dado a conocer sus experiencias. En julio de 2013 organicé una encuesta internacional, de la que proceden muchas de las citas que aparecen en este libro, y además llevé a cabo entrevistas más profundas con algunos participantes seleccionados.

Como no todos los participantes tienen una tendencia declarada o se han expresado abiertamente sobre su sexualidad, o tienen profesiones problemáticas, se han cambiado algunos nombres.

En *Este libro es gay*, he utilizado las siglas LGBT* para representar todo el abanico de identidades sexuales y de género. Desde luego, no pretendo que nadie se sienta excluido por culpa de estas iniciales. No tuve más remedio que recurrir a abreviaturas para que el libro no fuera MUCHO más largo.

Mi más sincero agradecimiento a todos los que han participado. Estoy muy orgulloso de lo que hemos logrado con esta obra.

James Dawson

# CAPÍTULO 1:

# BIENVENIDO
# AL CLUB

# Primera lección

- A veces a los hombres les gustan los hombres.

- A veces a las mujeres les gustan las mujeres.

- A veces a las mujeres les gustan los hombres y las mujeres.

- A veces a los hombres les gustan las mujeres y los hombres.

- A veces a las personas no les gusta nadie.

- A veces un hombre quiere ser mujer.

- A veces una mujer quiere ser un hombre.

¿Lo has pillado? Es así de simple.

Podría terminar aquí la lección, pero dudo que con tan pocas páginas salga un buen libro, así que *supongo* que tendré que profundizar algo más...

## BIENVENIDOS AL CLUB

Hay un chiste muy viejo sobre «salir del armario», y es que las lesbianas, los gais, los bisexuales y personas transgénero deberían recibir el carné del club y además un manual de instrucciones.

## ESTE ES EL MANUAL DE INSTRUCCIONES.

Bienvenido. Pero este manual es para todo el mundo, sin distinciones de género u orientación sexual.

Es probable que en la escuela no te hayan explicado bien qué significa ser lesbiana, gay, bisexual, transgénero o indeciso. Seguro que habrás oído hablar de gais famosos o hayas visto parejas del mismo sexo en televisión. Seguro que conoces a alguien LGBT\*, aunque no sepas que lo es. Estamos entre vosotros, como si fuésemos «invasores extraterrestres». Os atendemos en la oficina de correos, os enseñamos matemáticas, os preparamos las hamburguesas.

Entonces, ¿por qué no damos clases sobre parejas del mismo sexo cuando enseñamos educación sexual? ¿O por qué no enseñamos que muchas personas eligen su género? Bueno, yo fui profesor de PSHCE (Educación para la Ciudadanía y el Desarrollo Personal y Social) durante mucho tiempo y siempre hablé a mis alumnos sobre estos temas, pero no se hace en todas las escuelas y muchos profesores no saben cómo hacerlo. Me temo que para esto no hay NINGUNA preparación.

En el año 2012 organicé una encuesta con un grupo de más de trescientos jóvenes y el noventa y cinco por ciento dijo que no les habían explicado NADA sobre homosexualidad en la clase de educación sexual. Lo que generalmente se presentaba como «lo normal» era la relación sexual entre hombres y mujeres.

Esta falta de educación significa que hay muchísimos jóvenes (homosexuales, heterosexuales o bisexuales; transgéneros o cisgéneros) que tienen muchas preguntas sobre qué significa ser LGBT*. Este libro contiene algunas respuestas. Tanto si crees que podrías ser LGBT* como si crees ser heterosexual, pero tienes dudas o estás en alguna parte intermedia, este libro es para ti.

Tu sexualidad o tu género es, sobre todo, algo individual, pero ¿y si hubiese personas que ya hubieran pasado por todo eso y pudieran guiarte por este extraño territorio?

Darte cuenta de que tu identidad sexual o de género no es LA NORMA puede ser algo confuso, emocionante, estimulante, preocupante y, francamente, desconcertante. Mucho antes de «salir del armario» y hablar a la gente sobre tu identidad, solo estáis tú y tu cerebro para tratar de descubrirlo, así que también puede ser una etapa solitaria, que suele ir acompañada de canciones tristes y más rímel de la cuenta.

Yo soy un gay de raza blanca, pero mi experiencia no es representativa de todos los hombres gais, por no hablar de los miles de mujeres gais, hombres y mujeres bisexuales y personas transgénero que podrían estar leyendo este libro. Por lo tanto, antes de escribirlo, me dediqué a buscar por todas partes docenas de LGBT* para que me contaran sus experiencias. Aunque por separado nunca podamos saberlo todo, juntos somos muy sabios, como el mono de *El rey león*.

No he reconstruido ni cambiado nada de los testimonios de los LGBT* que aparecen en este libro, así que es posible que no os identifiquéis ni estéis de acuerdo con todo lo que dicen, Y ESO ESTÁ BIEN. Tenemos que ser capaces de hablar sobre sexualidad y tendencias sexuales con serenidad, sin crispaciones ni histerias. La sexualidad y el género son experiencias personales; la gente tiene derecho a tener su opinión y es de vital importancia que seamos capaces de cometer errores. Soy consciente de que la orientación sexual es algo sobre lo que la gente tiene convicciones muy firmes. Eso también es bueno (el activismo es lo que nos ha llevado tan lejos), pero si no se permite a la gente decir lo que piensa de verdad por miedo a molestar a los demás, terminaremos por no decir nada de nada.

En resumen, tenemos que ser capaces de reírnos de nosotros mismos, sea cual sea nuestra orientación sexual, si no queremos llevar una vida difícil. Por lo tanto, sí, *Este libro es gay* no es serio de principio a fin, aunque a veces tengamos que tratar temas SUPERTRISTES.

Es diferente de los montones de manuales deprimentes sobre género y costumbres sexuales que circulan por ahí. Este libro es serio, pero también divertido y entretenido.

El auténtico sentido de salir del armario es tener la LIBERTAD de ser quienes somos. ¿Cuándo ha dejado de ser DIVERTIDA una cosa así?

Si eres nuevo en el club, tienes suerte porque ser L o G o B o T o * es SUPERDIVERTIDO. Ahora eres LIBRE y ya no tienes que ESCONDERTE.

Te identifiques con lo que te identifiques al final de este libro, verás que, lejos de estar solo, te has unido a un enorme colectivo de gente guay, feliz y genial, y todos con una historia que contar.

Es el club que más mola de la ciudad y acabas de cruzar el cordón de terciopelo que te permite entrar a la zona VIP.

No estás solo, ahora formas parte de algo más grande. Algo extraordinario.

# HOLA, SEXDESEOS

Empecemos por el principio (un buen punto de partida). Supongo que estarás leyendo este libro por alguna razón. Puede que porque ya te has identificado como LGBT* (y, reconozcámoslo, es de lo que más nos apetece hablar). Quizá tengas curiosidad por saber lo que hacemos entre las sábanas. Puede que estés leyéndolo para burlarte porque en el título aparece la palabra «gay» (en tal caso, peor para ti). Pero quizá, solo quizá, hayas elegido este libro porque tengas DUDAS.

Todo comienza con la duda.

Preguntarte cómo sería besar a ese chico o qué aspecto tendrán los pechos de esa chica. Cómo sería la vida si fueras una chica en lugar de un chico. Todo está relacionado con la duda.

## DUDAR ES DE LO MÁS NORMAL, PERO NO TE ANIMAN A HACERLO.

Un día estaba tomando el sol en el parque y al lado había una madre que hablaba con su hijo sobre las cosas que podría hacer cuando fuera mayor. La conversación fue más o menos así:

**Niño:** ¡Tener un coche!

**Mamá:** ¡Sí!

**Niño:** ¡Ir a trabajar como papá!

**Mamá:** ¡Sí!

**Niño:** ¡Dar besos!

**Mamá:** ¡Sí! A las chicas... Darás besos a las chicas.

Después de quitarle el niño a la señora para llevarlo a los servicios sociales (vale, no lo hice, pero debería haber hecho algo más que lanzar un sonoro bufido), me entristeció comprobar que la heterosexualidad sigue considerándose la NORMA en pleno siglo XXI.

Se da por sentado que todos los niños y niñas nacen heterosexuales y que su orientación sexual está definida por su sexo biológico a menos que algo se tuerza. Y NO es verdad.

* Un estudio de 2010 realizado en el Reino Unido reveló que el cinco por ciento de los ciudadanos no se reconocen como heterosexuales. Así que es probable que una de cada veinte personas no sea heterosexual.

- Se calcula que en 2011 había nueve millones de LGBT* en Estados Unidos.

- Un estudio de 2009 estimó que en el Reino Unido vivían más de diez mil transgéneros.

Y sin embargo, nos ponen a todos la etiqueta de partida de «heterosexuales» y «cisgéneros» (el género que se nos asigna al nacer).

Ocupémonos primero de la sexualidad. Te dicen que eres heterosexual y das por sentado que lo eres durante casi toda la infancia, a pesar de que tus sentimientos te empujen totalmente en otra dirección. Crees que eres heterosexual (¿acaso no lo es todo el mundo?) hasta que aparece el deseo sexual (suponiendo que aparezca). A mí me gusta llamarlo SEXDESEO.

Debido a que casi todos pasamos la infancia identificándonos como heterosexuales, tanto si lo sentimos como si no, no siempre somos capaces de identificar los sexdeseos. Pero es muy probable que desde una temprana edad, nosotros, los LGB*, nos sintamos atraídos por personas del mismo sexo, o por personas que conocemos o por personajes televisivos que nos deslumbran. (Es que están muy bien, ¿no?)

Yo quería saber en qué momento los LGBT* se habían preguntado por primera vez sobre su sexualidad o su género. Así que hablé con cientos de ellos.

Mira la figura 1. (¿Quién dice que las estadísticas tienen que ser aburridas? ¡Fíjate en lo mono que ha quedado este diagrama!)

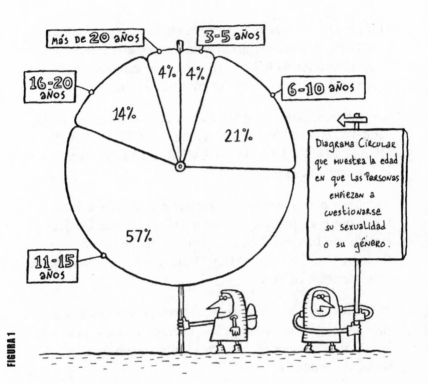

Más de 20 años — 4%
3-5 años — 4%
16-20 años — 14%
6-10 años — 21%
11-15 años — 57%

Diagrama Circular que muestra la edad en que las Personas empiezan a cuestionarse su sexualidad o su género.

**FIGURA 1**

Como puedes ver, una cuarta parte de los encuestados empezó a sentir inclinación por gente de su mismo sexo o a cuestionarse su género antes de la pubertad, y más de la mitad durante la pubertad.

Es lógico, ya que la pubertad es el momento en que se dan los mayores cambios. Uno de esos grandes cambios es el ajetreo hormonal que nos conduce a las relaciones sexuales. Es en este momento cuando muchos de nosotros nos damos cuenta de que esos pensamientos nocturnos subiditos de tono podrían ser sobre personas que tienen la misma anatomía que nosotros. OH, ESCÁNDALO.

En mi caso fue Dean Cain. Dean Cain, por si no lo sabéis, es el guapísimo actor que interpretaba a Clark Kent en *Lois y Clark:*

*las nuevas aventuras de Superman.* Hasta que Cain apareció en mi vida, estaba convencido de que me casaría con una chica de mi clase llamada Kelly (cuyo nombre he cambiado para protegerla) porque era amable, simpática y rubia.

Sin embargo, lo que sentí por Dean Cain (cuyo nombre no he cambiado en este libro porque, en fin, YA ERA HORA DE QUE SE ENTERARA DE MI AMOR) era MUY diferente de lo que sentía por Kelly.

Mi interés por los brazos ceñidos por la licra era mucho más fuerte que el cariño que sentía por Kelly, y cuando Clark se enrolló con Lois, sentí los celos más fuertes de mi vida. (Comprendo PERFECTAMENTE cómo se sienten l@s fans de One Direction en Twitter.)

Más tarde, tras enamorarme perdidamente de un profesor, tuve que reconocer que estos sentimientos iban más allá de la simple atracción por el cuerpo masculino y que eran, en realidad, sexdeseos.

# ¡VAYA MIERDA!

La primera vez que se admite el deseo sexual por personas del mismo sexo o que se tienen dudas acerca del propio género, la primera reacción bien podría ser la exclamación de más arriba. Después de todo, la sociedad, las películas, la televisión, los periódicos y los libros te han estado diciendo toda la vida que:

HETEROSEXUAL = NORMAL

NO HETEROSEXUAL = ANORMAL

De repente has identificado un sexdeseo diferente. Y a la mayoría de la gente no le gusta lo diferente, así que, sin comerlo ni beberlo, te cascan la etiqueta de ANORMAL.

## QUE NO CUNDA EL PÁNICO.

El hecho de que las personas LGBT* sean una minoría no significa que no sean NORMALES. Las personas con ojos azules también son una minoría, pero no las consideramos anormales, ¿verdad? No miramos a Jake Gyllenhaal y decimos: ¡MIRA ESE MONSTRUO DE OJOS AZULES! No, nos limitamos a mirarlo y a llorar porque no podemos tenerlo. Además, ¿quién decide qué es «normal» y qué no? ¡Qué palabra más horrible y excluyente!

Puede que te hayas criado no solo en ausencia de modelos gais o transgéneros, sino también en medio de auténtica homofobia o transfobia. Esto puede ser de lo más preocupante, sobre todo en el momento en que necesites el apoyo familiar. También podrías figurar entre los millares de personas que tienen inclinación por el mismo sexo y que han nacido en un país en el que ese tipo de relaciones sexuales son ilegales. (Hay quien cree que las relaciones sexuales entre personas del mismo sexo van contra su religión. En el capítulo 6 hay más información sobre este tema.)

Es probable que te hagas preguntas. Yo me hacía MONTONES de preguntas. Había oído RUMORES sobre lo que dos hombres podían hacer juntos. Puede que hayas interpretado mal algunas cosas: al principio, mi idea de cómo era el sexo entre lesbianas estaba totalmente equivocada. (Creía que se refregaban entre ellas como harías con dos muñecas Barbie para limarles las tetas.) Puede que hayas visto algo distinto en la tele y ahora no sabes qué pensar. Es muy probable que la educación sexual que hayas recibido en la escuela se haya limitado al modo en que hombres y mujeres engendran niños y nunca te hayan hablado sobre las personas transgénero.

# ¿POR QUÉ SE HABLA DE PERSONAS TRANSGÉNERO EN ESTE LIBRO?

Tienes razón al preguntarlo. «Lesbiana», «gay», «bisexual» y demás tendencias de las que hablamos en este libro hacen referencia a la sexualidad. Ser transgénero no tiene nada que ver con el sexo de la persona con quien quieres mantener relaciones, sino con el género.

Los transgéneros y los no heterosexuales son, en gran parte, víctimas de la misma discriminación, de los mismos malentendidos y malos tratos, porque mucha gente cree que formamos parte del mismo grupo. Y en cierto modo es así, y por eso mucha gente utiliza la expresión «LGBT*» para referirse a toda la comunidad. En estas iniciales está incluida la palabra «trans», apócope de «transgénero», así que en este manual, también.

Hay que tener en cuenta que si quisiéramos podríamos pasarnos la vida escondidos. Me gustara o no, me atraían los tíos, aunque podría haber mentido SIN PROBLEMAS y fingir que me atraían las chicas. Podría haberme casado con una muchacha como Kelly y haber sido profundamente infeliz, pero, en lugar de eso, acepté mi identidad e hice algo al respecto. Al igual que las lesbianas, los gais, los bisexuales, los curiosos y los *queer* que están orgullosos de serlo. Y al igual que los transgéneros. Como en el caso de la diversidad sexual, los transgéneros podrían decir: «Me da demasiado miedo» y pasar la vida encerrados en un cuerpo que no se corresponde con su identidad de género.

Así que, ya seamos LGB* o T, todos buscamos ser miembros de este increíble club que existe al margen de la mayoría. Y por eso estamos todos juntos (en este libro).

# Cosas que Nadie Dice Nunca

¿Cuándo te diste cuenta de que eras heterosexual?

¿Sabe tu madre que eres heterosexual?

Cuando tienes relaciones heterosexuales, ¿uno de los dos es mujer?

Tengo un amigo heterosexual. ¿Te apetece que te arregle una cita con él?

Lo pasamos muy bien, ¡fuimos a bailar a un club heterosexual!

Este fin de semana fui a una boda heterosexual cojonuda.

¿Crees que a los heterosexuales se les debería permitir tener hijos?

No me importa que los heterosexuales se besen, pero preferiría que no lo hicieran delante de mis narices.*

* Hay un lugar especial en el Infierno para TODAS las personas (gais, heterosexuales o lo que sea) que se dan el lote en lugares públicos de forma sonora y haciendo que todos les veamos las lenguas.

# CAPÍTULO 2:

# EL JUEGO
# DE LOS NOMBRES

Así pues, es posible que tengas SEXDESEOS hacia personas del mismo género que tú O BIEN que te hagas preguntas sobre tu propio género. Cientos de personas, incluso las que al final se sienten heterosexuales y cisgenéricas, tienen esos mismos pensamientos y dudas. Creo que es mucho más raro no haber tenido nunca la menor duda al respecto. Yo soy gay, pero aun así he pensado muchas veces en tener relaciones sexuales con mujeres. Curiosamente, aún no ha llegado el día en que eso me ponga cachondo.

No pasa nada. El hecho de que hayas identificado tus deseos sexuales es probablemente la parte más difícil, así que recompénsate con un delicioso bollo o con un pastel.

Pero ahora llega el momento en que tienes que elegir.

1. Puedes optar por no hacer nada.
Reprimir tus sentimientos y esperar a que pasen.

2. Puedes reconocerlos y actuar en consecuencia,
tener las relaciones sexuales que quieras o vestirte como quieras, pero optar por no definirte.

3. Puedes actuar en consecuencia y, además, adoptar una identidad que te defina. Este es el momento en que consigues tu carné del club y te conviertes en parte de una comunidad.

Maldita sea, todo este asunto de los gais es mucho más complicado de lo que *Glee* nos hizo creer.

A veces las personas con sexdeseos hacia personas del mismo sexo o con dudas sobre su género se quedan con la opción número uno, pero creo que, probablemente, esas personas estén muy tristes y enfadadas. (También creo que muchos homófobos chiflados se acercan peligrosamente a la primera opción y eso es lo que los hace tan odiosos. Freud lo llamaba «transferencia», que básicamente significa que odias en otros lo que odias en ti mismo.)

Mucha más gente elige la opción número dos: es perfectamente posible tener relaciones sexuales con personas del mismo género sin que por eso seas «gay», «lesbiana» o «bisexual». Por eso, muchos formularios de esos que hay que rellenar (sobre todo médicos) hablan de «hombres que tienen relaciones sexuales con hombres», etc.

En lo que se refiere a tu orientación sexual o a tu género, no puedes elegir gran cosa, excepto tu forma de vivirlo. Esta es la opción número tres: salir del armario con dignidad y ser franco sobre tus relaciones o tu género. Vivir con tensiones y secretos resulta agotador y te convierte en un ser reservado y hermético.

Forma parte de la naturaleza humana etiquetarlo todo y, si tienes dudas, puede que darle un nombre a la situación te haga sentir mejor, porque así puedes formar parte de algo, de una gran red de apoyo, de la Sociedad Gay Internacional, si quieres. Te enseño la máquina de la identidad. ¡Empieza por arriba y mira adónde te lleva!

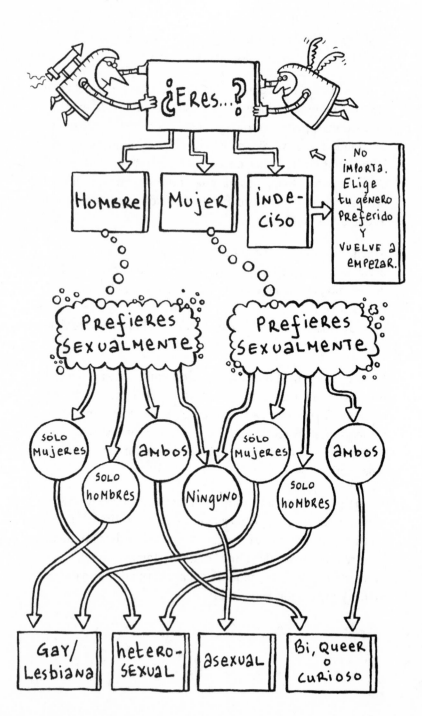

# ETIQUETAS SEXUALES

Antes de seguir adelante, fijaos en que he utilizado el verbo *preferir*. La identidad sexual y de género tiene mucho que ver con las preferencias. Creo que todos PENSAMOS alguna vez en tener relaciones tanto con hombres como con mujeres. Como he dicho, ¿por qué no? Estamos rodeados de imágenes eróticas en las revistas y en la tele. Las personas que dicen que nunca lo han pensado seguro que mienten. Así que de lo que se trata es de saber qué preferimos sexualmente. Necesitamos tener la mente abierta en todo momento.

También vale la pena señalar que hay muchas personas a las que no les gusta ninguna de las opciones sexuales mencionadas hasta ahora. Hay muchas etiquetas para clasificar a la gente, pero no todo el mundo encaja en ellas con facilidad.

Tu identidad es tan individual como tus huellas dactilares. Francamente, si prefieres identificarte con una zanahoria, yo te acompañaré en el desfile del Orgullo Zanahorio. Tu identidad es cosa tuya. Y eso mola. Además, ¿a quién no le gustan las zanahorias?

Ahora que ya la tenemos, conviene señalar que la que has comprado viene con derecho a devolución. Las preferencias sexuales y de género son cambiantes, es decir, el hecho de que ahora sientas una cosa no significa necesariamente que vayas a sentir lo mismo dentro de cinco años. Muchas personas cambian de orientación sexual y eso está bien.

Así que, si todo se puede cambiar y si todos nos movemos en el cambiante y flexible espectro del deseo sexual (en el mejor de los casos, muy difícil de definir), ¿por qué vamos a molestarnos con las etiquetas? ¿Por qué no nos paseamos con flores en el pelo y nos relacionamos con la gente que nos atrae, sea cual sea su género? Bueno, probablemente porque eso sería más difícil

de sintetizar. Al fin y al cabo es más fácil tener una palabra
sencilla con que definirte cuando hables con otras personas. La
gente te preguntará con qué te identificas y, aunque es tentador
pronunciar un discurso sobre la tiranía de las etiquetas, es
mucho más fácil decir: «Pues soy bisexual» y dejarlo ahí. Sin
embargo, ni siquiera eso significa que TENGAS que adoptar
una etiqueta; hay mucha gente que no lo hace.

Y recordando esto, vamos a echar un vistazo a las etiquetas más
comunes que se pueden encontrar en la Tienda de Identidades.

# L DE LESBIANA

La palabra «lesbiana» viene de la isla de Lesbos, donde una
poetisa griega llamada Safo llevó a cabo su versión del
lesbianismo estilo siglo VI a. C. Safo sacó a la luz del sol a una
panda de mujeres y escribió poemas sobre lo buenas que
estaban. Dos mil quinientos años después, en el siglo XX,
las mujeres buscaban un nombre para una subcultura en
crecimiento que estaba adquiriendo visibilidad y categoría
propia. Hasta aquel momento, históricamente, se creía que la
homosexualidad femenina era, en términos generales, un mito,
lo que probablemente indica que pocas mujeres eran vistas o
consideradas como criaturas sexuales fuera del matrimonio.

MARS BAR/SNICKERS CONTINUUM

DESEAN
MUJERES
AL 100%

Pero actualmente, las mujeres homosexuales, inspiradas por la isla de las damas ardientes de Safo, han acuñado la palabra «lesbiana», que antes solo se había utilizado para describir cualquier cosa que viniera de Lesbos.

En la actualidad la palabra significa, más o menos, «mujer que tiene relaciones sexuales con mujeres». A muchas de estas mujeres no les gusta el término «lesbiana» y prefieren el de «mujer gay».

«Prefiero "gay" a "lesbiana". Creo que tiene que ver con la oposición entre nombre y adjetivo. Quiero decir que "lesbiana" suena un poco más contundente y a etiqueta, mientras que "gay" es uno de los muchos adjetivos que pueden utilizarse para describir a una persona.»

J., 28 años, Brighton.

Ahora bien, es posible que hayas oído a algunas personas llamar «bolleras» o «tortilleras» a las lesbianas. Éste es un tema delicado porque estas palabras se utilizaban como insultos. **A menos que te identifiques como lesbiana, no deberías utilizar nunca palabras como «bollera» o «tortillera».** Son peyorativas, salvo cuando las utilicen ellas mismas en su jerga particular.

DESEAN
HOMBRES
aL 100%

# G DE GAY

El sentido original de la palabra inglesa *gay* era alegre, despreocupado, vivaz y ostentoso. Procedía del término francés *gai*, que se sigue usando con el mismo sentido inicial. Sin embargo, en el siglo XVII la palabra evolucionó: una «mujer de vida alegre» era una prostituta; un «hombre alegre» se convirtió en un individuo promiscuo, y una «casa alegre», en un burdel. ¡Genial!

A mediados del siglo XX, la palabra inglesa *gay* aún significaba despreocupado (por oposición a los *straight*, o sea, los rectos, o cabezas cuadradas) y comenzó a adquirir connotaciones homosexuales. Como «homosexual», en aquella época, era un diagnóstico clínico, no es de extrañar que un término que significaba «vivaz y ostentoso» se convirtiera irónicamente en un eufemismo para designar a los hombres que deseaban existir en una subcultura secreta.

En la década de 1990, se llegó a la conclusión de que «gay» era la forma preferida y políticamente correcta de designar a los hombres que tienen relaciones sexuales con hombres (y, por supuesto, a las mujeres que tienen relaciones sexuales con mujeres).

Por desgracia, en la misma época, la palabra inglesa *gay* se convirtió también en sinónimo de algo que es malo, una mierda, un asco. Digan lo que digan los demás, esta acepción de la palabra *gay* es producto de la homofobia, así que, cuando hables con alguien en inglés, no la utilices en ese sentido. SÍ, YA SÉ QUE ESTÁ EN EL TÍTULO, PERO LO HE HECHO ADREDE, PORQUE TODO EL CONTENIDO DE ESTE LIBRO TRATA SOBRE SER GAY (o lesbiana o bisexual o transgénero o*, pero estas palabras no habrían llamado tanto la atención, ¿verdad?).

# B DE BISEXUAL

Esto no es nada nuevo. Los habitantes de la antigua Grecia y la antigua Roma podían ser pansexuales (sentir atracción por otras personas fueran cuales fuesen su género y su sexualidad) y nadie se escandalizaba. Por desgracia para nosotros, nos gusta que las cosas estén polarizadas: negro/blanco, bueno/malo, masculino/femenino. Y eso no es bueno para nadie.

A grandes rasgos, un bisexual es una persona que tiene relaciones sexuales tanto con hombres como con mujeres. Hay una gran cantidad de malentendidos respecto a la bisexualidad. El error más habitual es el que defiende la teoría del «hoy bi, mañana gay», según la cual todos los gais y lesbianas han pasado un breve periodo por el terreno bisexual antes de coger el último tren al territorio gay. Aunque es el caso de algunos hombres y mujeres homosexuales, hay mucha gente que no tiene la menor intención de recorrer todo ese camino hasta ese supuesto final de línea. Y ESO ESTÁ BIEN.

La idea de que los bisexuales se engañan a sí mismos, o de que son unos egoístas que lo quieren todo para ellos, es ofensiva. ¿Por qué resulta tan difícil aceptar que a alguien le puedan atraer ambos sexos? Si alguien está dispuesto a identificarse como bisexual, entonces seguramente tampoco le importaría llevar la etiqueta de «gay». ¿Qué sentido tiene mentir? ¿Por qué tenemos tanta necesidad de que las personas sean homo o heterosexuales? Los bisexuales pueden ser incomprendidos, pero tienen derecho a sentirse ORGULLOSOS de su identidad y de sus preferencias sexuales.

«Me identifico como lesbiana porque no me gusta reconocer que soy bisexual.»

Blaz, 34 años, Bristol.

«Me identifico como bisexual, aunque preferiría describirlo con una frase: "Las personas son hermosas, las personas son sorprendentes, las personas son atractivas, y si me enamoro, me enamoro".»

Mickey, 18 años, Michigan, EE.UU.

«Le digo a la gente que soy bisexual porque es más fácil de entender, pero creo que soy pansexual. Me importa la personalidad, no los genitales.»

Anónimo, 24 años, Brighton.

«Si me preguntan, digo que soy bisexual. Varía según el día, con quién estoy, qué he estado leyendo, y todo eso. Encontré una descripción en Tumblr que encaja perfectamente y que viene a decir que "si piensas en la sexualidad en términos musicales, donde las notas bajas representan sentirse atraída por hombres y las notas altas representan sentirse atraída por mujeres, soy como un solo de guitarra de Slayer".»

Nina, 16 años, Reino Unido.

# Q DE *QUEER*

La palabra inglesa *queer* se refería al principio a alguien o algo raro o que se alejaba de lo corriente. A finales del siglo xx se convirtió en un término despectivo para señalar a los homosexuales.

Pero últimamente, debido a la epidemia del sida, la palabra fue reivindicada (al principio por el grupo Queer Nation) como un término que englobaba todo el espectro de la sexualidad y el género, y después, como una crítica de la identidad más que como una identidad propiamente dicha. En resumen, una etiqueta para personas, homo o hetero, que están hartas de las etiquetas.

No obstante, ahora se utiliza como una identidad. En el más amplio sentido de la palabra, pues existe un variado número de grupos bajo la designación plural de *queer*, ser *queer* significa que no tienes que definir tu identidad sexual o tu género con una sola etiqueta.

En un mundo en el que tu sexualidad y tu género están abiertos al cambio, a veces parece absurdo utilizar etiquetas. Incluso clasificarte como bisexual subraya la idea de que solo hay tres elecciones posibles, y está claro que no es el caso. Además, no debería ser un adjetivo automático para alguien que no es ni homo ni hetero.

La teoría *queer* es un fascinante tema en expansión y hay muchos, muchos libros y tesis escritos al respecto.

Definirte con una palabra deliberadamente evasiva podría parecer un contrasentido. En mi opinión, ese era el problema. Creo que «hetero», «homo» y «bi» no engloban o incluyen mis sentimientos.

En primer lugar, esos términos sugieren una adopción de género rígida e inflexible. Para las personas que conciben el sexo y el género desde un punto de vista no polarizado, las opciones de «esto, lo otro o ambos» no son satisfactorias.

Y además, creo que el género/sexo es una parte relativamente pequeña de la atracción sexual. Me parece extraño definir mi identidad sexual teniendo en cuenta solo una pequeña faceta de ella. Mientras que algunas personas (ciertos LGBT* o individuos con algún fetiche o parafilia, por ejemplo) prefieren solucionar este problema con identidades más específicas, yo prefiero no hacerlo y la resumo con esa palabra.

Para mí, identificarme como *queer* es una forma de situarme al margen de la corriente heterosexual mayoritaria sin tener que identificarme con otras ideas a las que no me siento vinculado.

Kerry, Brighton.

# C DE CURIOSO

Curioso, o indeciso, como se dice últimamente, es alguien que está haciéndose la gran pregunta. Creo que todos los jóvenes deberían dedicar algo de tiempo a reflexionar sobre el deseo. Creo que todos serían mucho más felices si dedicaran unas semanas a pensar en qué significa para ellos. Imagino que resolvería muchas tensiones y sufrimientos. Hay muchísimas personas que «prueban» para averiguar lo que les gusta. A algunas les gusta, y repiten, y a otras, no, y se alegran de saber que no se están perdiendo nada.

Como todo en la vida, a veces no lo sabes hasta que lo pruebas. Yo no comí gambas hasta los dieciocho años. La simple idea de comerlas me daba repelús. Pero cuando las probé, me parecieron DELICIOSAS. No os preocupéis, desde entonces me he resarcido con creces por las oportunidades perdidas.

(Aclaro que «gambas», en este libro, no es un eufemismo para referirme a otra cosa.)

# A DE ASEXUAL

Hay dos formas de entender la asexualidad. La primera es la que la entiende como el poco o nulo interés por las prácticas sexuales (con cualquiera). La segunda es la que la considera como la negativa a definir la propia orientación sexual o la incertidumbre acerca de la misma; esta es una acepción más moderna del término. La asexualidad no es lo mismo que el celibato (abstinencia de relaciones sexuales). Las personas asexuales PUEDEN tener relaciones (para tener hijos, para probarlas, para experimentar), pero en general se caracterizan por sentir poco interés tanto por los hombres como por las mujeres, así que, si vuelves a mirar nuestro esquema, lo normal es que pierdan el interés después de la primera pregunta.

Las personas asexuales a menudo tienen sentimientos románticos por otras personas, y puede que tengan novios y novias, y pasen por todo el rollo del acaramelamiento, hagan manitas, carantoñas y den abrazos, pero sin utilizar lo que hay en la entrepierna.

Como puedes suponer, eso también ESTÁ BIEN. Algunas personas no tienen tanto interés en el sexo, y esto, como todas las identidades, puede cambiar con el tiempo. He descubierto que una cantidad de adolescentes cada vez mayor se declara asexual mientras se aclaran sobre su propia identidad.

# T DE TRANSGÉNERO

No nos liemos de entrada. Allá vamos:

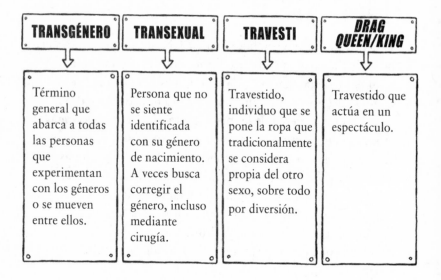

| TRANSGÉNERO | TRANSEXUAL | TRAVESTI | DRAG QUEEN/KING |
|---|---|---|---|
| Término general que abarca a todas las personas que experimentan con los géneros o se mueven entre ellos. | Persona que no se siente identificada con su género de nacimiento. A veces busca corregir el género, incluso mediante cirugía. | Travestido, individuo que se pone la ropa que tradicionalmente se considera propia del otro sexo, sobre todo por diversión. | Travestido que actúa en un espectáculo. |

La cosa es un poco compleja, o sea que se entiende que algunos se confundan con el apócope «trans». Cuando se emplea, y se emplea muchísimo, casi siempre significa transgénero o transexual. Puede que hayas oído también la palabra «género-*queer*», que, al igual que la teoría *queer* sobre sexualidad, se refiere más a un rechazo de los encasillamientos que a una identidad propiamente dicha.

Hay muchos terrenos relacionados con la identidad de género en los que seguimos estancados en esa cultura binaria que insiste en que hay juguetes para los chicos (armas, coches, soldados) y juguetes para las chicas (muñecas, cocinas, vestidos). Muchas canciones infantiles parecen HIMNOS ANTIFEMINISTAS... ¡y se cantan en las GUARDERÍAS!

A los publicitarios les gustaría que creyéramos que las mujeres y los hombres pensamos y sentimos de un modo distinto, pero, en el fondo, no lo sabremos nunca. La cultura es lo que les dice a nuestros padres cómo deben vestirnos cuando somos niños, y esta práctica arraiga en nosotros. A veces me parece una tontería pensar que un tío ha de ser «trans» por el hecho de ponerse falda o zapatos de tacón alto. ¿Quién demonios dice que son «prendas femeninas»? Por desgracia, como nadie se da cuenta de lo encorsetada que resulta esta idea, la cosa no tiene remedio. Por ahora.

Como ya se ha dicho en el capítulo anterior, aunque los estudios sobre el género y la sexualidad están estrechamente relacionados, en muchos aspectos no tienen nada que ver: una persona puede elegir identidades diferentes para ambas facetas. Por ejemplo, yo me identifico como hombre gay. Mañana podría identificarme como mujer y seguir prefiriendo a los hombres, lo cual me convertiría en trans femenino heterosexual. ¿Te das cuenta?

Vamos a hablar brevemente del término «travelo». Puede que hayas oído esta palabra en la escuela o el instituto o quizás incluso en algún programa de la tele. Como en el caso de «bollera», no deberías utilizarla si no eres trans. NUNCA. ¿Por qué? Porque muchos trans la consideran ofensiva, así que ¿por qué andar por ahí molestando a la gente? ¿Eres un sociópata? No, ¿verdad? Pues no lo hagas.

# LA HISTORIA DE RORY

Rory, de Brighton, se identifica como hombre trans. Se sometió a cirugía y tomó hormonas hace varios años para cambiar de género. Esta es su historia:

Siempre me gustó vestirme de chico y ser uno de ellos. En la escuela todo el mundo me conocía como «la chica que quiere ser chico». Los compañeros solían burlarse de mí en el patio y eso me hacía llorar, pero no sabía por qué me molestaba tanto. ¿Sería quizá porque me señalaban con el dedo? Así que mi profesor me separó del resto. Yo no entendía dónde estaba el problema; ¿quién no querría ser un chico?

Al crecer, descubrí una forma de ser un chico que estaba bien vista y aplaudida. ¡Yo era Rory Raven, el extraordinario *drag king*! Durante años me había vestido en privado con prendas muy masculinas (camisa y corbata, traje, tirantes, sombrero de fieltro). Pero sentía que tenía que esconderme, que algo no estaba bien. Incluso volvía a ponerme ropa normal para utilizar el cuarto de baño en mi propia casa, para que no me vieran mis compañeros de piso. Pero como *drag king* podía subir a un escenario llevando en público la ropa con la que me sentía más a gusto. Al final del espectáculo, veía a los otros *drag kings* quitarse el disfraz y ponerse la ropa que habían llevado. Se quitaban el pelo postizo de la cara y la sombra de la falsa barba y lo reemplazaban por maquillaje. Pintalabios y sombra de ojos: femenino y discreto. Yo quería seguir con mi ropa de *drag* y me sentía perdida al terminar la velada.

El día que cumplí veinticuatro años me regalaron un *blinder*. Un blinder es una especie de faja o corsé muy apretado que se pone bajo la ropa de forma que la mujer que lo lleva parece que no tenga pecho y, por lo tanto, tiene un aspecto más masculino. Apretaba, era incómodo, y llevarlo era desagradable. Ponérselo tampoco era fácil. Quitárselo era aún peor. La primera vez que me lo quité pensé que iba a morir asfixiada. Pero llevarlo era una liberación total. Me sentía como si me vieran por primera vez. Así que seguí poniéndomelo, incluso cuando no estaba en escena.

Pronto empecé a preguntarme qué diferencia había entre el Rory del escenario y el Rory real. Mis amigos ya me apodaban Rory y algunos incluso habían empezado a referirse a mí empleando el género gramatical masculino.

Decidí quitarme la barba postiza y empezar a vivir todo el tiempo como Rory (pero sin el apellido ornitólogo). En el trabajo me apoyaron en todo momento. Sé que por ese lado tuve suerte, ya que por aquel entonces trabajaba en una organización benéfica trans. Ni se inmutaron.

El cambio de nombre fue la parte más importante de mi transición. Elegir un nombre fue una decisión profunda y poderosa. Tendría que ser una mezcla entre quién era y quién quería ser. La fecha del cambio legal también era importante. Fue unos días antes de cumplir los veinticinco años, que para mí es el comienzo de mi año nuevo, y que por casualidad también era el comienzo del año nuevo en muchas religiones y culturas de todo el mundo.

Desde mi transición, la vida ha ido a mejor y, paradójicamente, también a peor. Salir del armario ante todo el mundo es un proceso continuo. Algunos amigos ya lo veían venir y ni se inmutaron; a otros les costó más y, por desgracia, he perdido el contacto con otros. Mi familia adoptiva *queer* me ha apoyado y eso me ha dado mucha fuerza. La transición me ha abierto puertas que no sabía que existieran y en el camino he hecho un montón de amigos.

Ayuda para los amigos de personas trans: mucha gente se lía con el género gramatical. Es comprensible; de hecho, después de años y años utilizando por ejemplo «él» y el masculino para referirte a tu amigo, ahora te pide que te dirijas a «ella» en femenino. Acostumbrarse puede requerir un tiempo. Sin embargo, debes respetar siempre la elección de tus amigos. Si te parece difícil, piensa que también lo és para ellos. Acostúmbrate a utilizar el nuevo pronombre rápidamente y nunca, NUNCA más vuelvas a utilizar formas neutras como «él/ella» o «eso». NO MOLA EN ABSOLUTO.

# INTERSEXUALES

«Intersexual» no es exactamente una identidad, en eso no se puede elegir. (Recuerda que no puedes elegir tus preferencias, pero sí una etiqueta o identidad.) Como el término «intersexual» lo utilizan como etiqueta tanto personas intersexuales como médicos, vale la pena mencionarlo aquí. Una persona nace intersexual cuando tiene características genitales o sexuales que no se ajustan a una definición estricta de hombre o mujer. Esto NO los convierte en transgéneros, ya que puede que encajen en el sexo que se les asigna (a la mayoría de las personas intersexuales, erróneamente o no, se les asigna un género al nacer).

Los problemas a los que se enfrentan las personas transgénero están relacionados con los de los intersexuales porque muchos de estos últimos no están de acuerdo con el sexo que les asignaron al nacer y tratan de cambiarlo.

## ¿QUÉ ES UN CISGÉNERO?

Cisgénero es básicamente lo contrario de transgénero. Significa sencillamente que tu identidad de género encaja con la identidad que te dieron al nacer. Por lo tanto, la mayoría de personas podrán identificarse como «cis» aunque ni siquiera lo sepan. Elimina la necesidad de que una persona diga que es «normal», que, como hemos dicho, es una palabra ridícula.

Volviendo a mi definición de más arriba, yo soy en realidad un hombre cis gay.

Como colofón de todas estas identidades, el activista por los derechos de los homosexuales Peter Tatchell dice que espera ansioso el día en que todas estas etiquetas resulten innecesarias y todos seamos simplemente humanos. Creo que yo también espero ese día.

Te identifiques como te identifiques (lesbiana, gay, bisexual, trans, *queer*, asexual, curioso o zanahoria), todos tenemos algo en común: somos una minoría y nos hemos atrevido a dar pasos de gigante para identificarnos como tales; nos hemos negado a escondernos; declaramos quiénes somos. Así que compra una etiqueta, o cámbiala, o no te pongas ninguna. Pero siéntete cómodo CONTIGO MISMO y que los demás se pongan la etiqueta que les plazca.

El primer paso, la propia aceptación, es con diferencia el más difícil del viaje. Para lo demás, este libro puede ayudarte.

Si te identificas como heterosexual, también deberías seguir leyendo. Francamente, las personas LGBT* necesitamos todos los aliados heteros que podamos conseguir, y tú también aprenderás mucho.

# CAPÍTULO 3:

# LA BIOLOGÍA NO ENGAÑA

¿Cuántos años tenías cuando te diste cuenta de que «ser gay» era algo concreto? Seguro que eras muy joven: ¿cinco, seis, siete años? ¿Y cuántos tenías cuando formulaste la gran pregunta de POR QUÉ hay personas gais? Tiene que haber una razón.

Antes de examinar algunos de los posibles factores que te han convertido en la persona que eres, creo que es importante aclarar que NO IMPORTA. No necesitamos excusas para existir, y nunca he oído a nadie preguntar a un heterosexual: «¿Qué te hizo hetero?»

Recuerda a la Gran Sacerdotisa Gaga y su «Born this way»: eres así de nacimiento. Tu sexualidad o tu género son tan naturales como el color de ojos y nunca deberías avergonzarte de ellos.

## ADVERTENCIA: ESTA SECCIÓN ESTÁ REPLETA DE PALABREJAS QUE PONEN A PRUEBA MI NIVEL DE BIOLOGÍA DE BACHILLERATO, ASÍ QUE PONTE CÓMODO Y PREPÁRATE PARA ALGO DE CIENCIA.

Entonces, ¿qué hace que tengamos inclinaciones homosexuales o que seamos transgéneros? Bueno, no aguantes la respiración porque me temo que los cerebritos del Instituto Bibiana Fernández de Tecnología Genética Gay no han sido capaces de dar una respuesta definitiva, sino más bien una colección de teorías medio convincentes.

Echemos un vistazo a las más coherentes, empezando por la sexualidad.

## 1. ESTUDIOS DE GEMELOS

Se han llevado a cabo varios estudios para demostrar
que los gemelos idénticos tienen muchas más
posibilidades de ser AMBOS gais que los gemelos no
idénticos, lo que sugiere que existe una especie de «gen
gay». Sin embargo, se cree que el interés de los
gemelos gais por presentarse voluntarios para realizar
estudios científicos podría haber alterado los datos.

## 2. LIGAMIENTO CROMOSÓMICO

En los años noventa del siglo XX se hicieron varios
estudios sobre el cromosoma que lleva el pegadizo
nombre de Xq28, también conocido como «gen gay».
En los HOMBRES GAIS, este gen se hereda por línea
materna, lo que parece explicar por qué los gais pueden
tener hermanos o tíos gais.

### 3. EPIGENÉTICA

Vaya, me temo que esto se va complicando. Cuando algunos de los estudios sobre el Xq28 fueron desacreditados, los científicos se fijaron en las «epimarcas» como posible explicación. Quiero que visualices el código genético de tus padres (tranquilo, no te voy a pedir que los imagines echando un polvo). En algunos genes tenemos epimarcas, que son una especie de post-its con información suplementaria para el trabajo de los genes. En los cromosomas masculinos puede que ponga: «MACHO, A TI DEBERÍAN GUSTARTE LAS MUJERES», mientras que los cromosomas femeninos pueden venir con una que diga: «DESDE LUEGO, TÚ QUERRÁS ACOSTARTE CON TÍOS». Durante mucho tiempo se creyó que esas notas desaparecían antes de que se transmitiera al bebé a través del SEXO SUDOROSO DE LOS PADRES (lo siento, no he podido resistirme). Pero ahora los científicos creen que eso no ocurre siempre, y que a veces estas notas que indican quién te atraerá se quedan «pegadas» a los hijos. En resumen, los chicos pueden heredar de la madre la epimarca de que les gustan los chicos, y las chicas, heredar de los padres la epimarca de que les gustan las chicas.

Diles a tus padres que tendrán que agobiarse por tu sexualidad.

Seguro que les encantará que les echen la culpa.

## 4. MÁS TEORÍAS CIENTÍFICAS

Tener muchos hermanos: con cada hijo varón, el
sistema inmunitario de la madre mejora a la hora de
bloquear hormonas masculinas en el útero y es más
probable que tenga hijos gais. (Fíjate en cuantísimos
estudios se han centrado en los hombres gais.
Montones. El patriarcado.)

**Feromonas:** Una zona del cerebro de los hombres (otra
vez los hombres) reacciona de forma diferente ante
distintos aromas, dependiendo de su sexualidad. El
cerebro de los gais reacciona al olor a sudor de unos
vestuarios, mientras que los heteros responden a un
compuesto que se encuentra en la orina de las mujeres.
¡Qué guarros somos los humanos!

**Estructura cerebral:** Varios estudios han descubierto
que el hipotálamo puede ser ligeramente distinto en las
personas homosexuales. Dicen que esto lo han
descubierto en su mayor parte hurgando en las ovejas.

**Hormonas prenatales:** Relacionada con la hipótesis
de «tener muchos hermanos», esta teoría dice que
los cambios en la estructura cerebral bien podrían
proceder de los niveles de andrógenos a los que
estamos expuestos en el útero... ya que pueden
cambiar el «género» de nuestro cerebro, incluyendo
la atracción sexual. Pues qué bien.

# LO EXÓTICO SE VUELVE ERÓTICO

Esta teoría me gusta simplemente porque tiene un nombre idiota. Afirma que nuestra biología (cerebro, hormonas, genes) nos predispone a sentirnos más atraídos por las cosas de un género que por las de otro. Al final, acabamos por ver a los que son exóticos (es decir, a los chicos si nos gustan las cosas de chicas, a las chicas si somos más masculinos) como algo sexy.

Mi intención es informar de modo imparcial acerca de todas estas teorías, pero ésta me parece una auténtica chorrada. O sea, ¿EN SERIO?

# ESTUDIOS EVOLUTIVOS

Es inevitable que surjan dudas, polémicas y opiniones encontradas alrededor de la teoría del «gen gay». Por ejemplo, l@s hij@s que nacieran de gais y lesbianas tendrían que ser gais y lesbianas, ¿no? Pues no. ¿Acaso no hay muchísimas parejas heterosexuales que tienen hijos homosexuales?

Desde un punto de vista darwiniano, la homosexualidad no tiene sentido (si todos fuésemos gais, la raza humana se extinguiría). Las personas gais (que tienen menos probabilidades de reproducirse) se eliminan ellas solas de la reserva genética.

Ha habido diversas teorías sobre esto. Una es que quizás el gen que predispone a la homosexualidad realmente supone un beneficio para las personas heterosexuales (y solo a veces las convierte en LGB*), motivo por el que esta característica sigue pasando de una generación a otra. Otra teoría es que los tíos y tías gais tienden a adorar a sus sobrinas y sobrinos, lo que ayuda a asegurar la supervivencia de los jóvenes, y así se propaga su propio código genético.

# DIFERENCIAS BIOLÓGICAS ENTRE HOMOS Y HETEROS

- Los hombres gais y las mujeres hetero tienen los hemisferios cerebrales proporcionados. Las mujeres homosexuales y los hombres hetero tienen el hemisferio derecho ligeramente más grande.

- Los hombres gais tienen el rabo ligeramente más largo y grueso. **¡Genial!**

- La amígdala de los hombres gais es más sensible a la pornografía que la de los heteros. O sea, que tenemos la polla más grande y somos más cachondos. Digo yo.

- Las longitudes medias de los dedos puede variar entre lesbianas y mujeres heterosexuales. ¡Señoras, salgan a la calle regla en mano!

# UN PROBLEMA QUE TENGO YO

Todas estas teorías parecen indicar que nos han programado para ser GAIS o HETEROS antes de nacer. Pero esto excluiría a los bi, los curiosos y los *queer*.

Está claro que la biología desempeña un papel en nuestras preferencias sexuales, pero no en la elección de un estilo de vida. Ningún gen te ayudará a salir del armario ni determinará el contexto familiar en que nazcas. Por lo tanto, los factores ambientales pueden tener un papel importante que no hay que pasar por alto.

Imagino que un hijo nacido en una familia liberal del Reino Unido tiene más probabilidades de identificarse como gay o lesbiana que el nacido en el seno de una familia profundamente musulmana del Yemen. ¿Se entiende?

Y también dudo que haya un gen para «ser aburrido o cachondo» o «tener ganas de experimentar». Me preocupa que los científicos no tengan en cuenta la variabilidad o la dimensión lúdica del sexo y la sexualidad. Mi consejo es que os intereséis y meditéis cuando leáis las teorías de este capítulo, pero también que aceptéis que LAS COSAS SON COMO SON cuando se trata de sexualidad. Y eso está bien. ¡Disfrutadlo!

# EXPLICACIONES BIOLÓGICAS DEL TRANSGENERISMO

Durante muchas décadas se ha creído que ser trans era el resultado de factores ambientales o parentales. Sin embargo, el conocido caso de David Reimer (1965-2004) cambió de alguna manera esta opinión. Nacido varón y con el nombre de «Bruce», Reimer fue castrado accidentalmente en una circuncisión chapucera y lo educaron como si fuera una chica. Sin embargo, David SIEMPRE se sintió hombre, lo que sugiere que el género no se enseña ni se aprende: nuestra identidad nace con nosotros.

Los científicos actuales han descubierto posibles causas genéticas para el transgenerismo: tanto los transexuales que pasan de masculino a femenino (MTF) como los que pasan de femenino a masculino (FTM) presentan diferencias en los genes fijadores de hormonas. Asimismo, los transexuales FTM también podrían carecer de ciertos patrones de distribución de genes exclusivamente femeninos.

Otros científicos han descubierto variaciones en la estructura cerebral tanto en transexuales FTM como en los MTF. En ambos casos, los sujetos estudiados tienen la típica estructura cerebral de la identidad de género elegida.

Por último, algo SORPRENDENTE: los transexuales FTM a menudo padecen el «síndrome del miembro fantasma» (referido al pene) desde su infancia. Y mientras los hombres cisgéneros que han perdido el miembro sí sienten el pene fantasma, los pacientes MTF, NO. Alucinante, ¿verdad? RABOS FANTASMA. (Esta frase es el resumen de mi próximo libro para jóvenes.) Como en el caso de la sexualidad, no soy muy partidario del determinismo biológico. Todos somos libres de jugar con el género.

## ¿QUÉ HEMOS APRENDIDO?

Vale, hemos metido aquí mucha ciencia. Espero que ahora os sintáis más listos; yo, desde luego, sí. He concentrado cerca de un centenar de experimentos y estudios en las últimas cinco páginas. Hay toneladas y toneladas de artículos sobre investigaciones, y libros que podéis buscar si queréis más información al respecto; es fascinante.

Creo que lo más importante de este capítulo es llegar a la conclusión de que tenemos muy poco control sobre nuestros deseos sexuales y sobre nuestro género, aunque tengamos control sobre nuestra identidad. Pero se identifique un@ como se identifique, nadie podrá decir nunca que tus sentimientos son una elección. Lo volveré a decir: en lo que respecta a quién te atrae o quién eres, LAS COSAS SON COMO SON y no tienes que disculparte jamás por ser quien eres. Naciste así.

# COSAS QUE NO TE HICIERON GAY

# CAPÍTULO 4:

# LOS ESTEREOTIPOS
# SON UNA MIERDA

¿Verdad que los hombres gais son FENOMENALES? Son unos amigos fieles y siempre están dispuestos a echar unas risas. Son los MEJORES compañeros de compras y siempre están dispuestos a bailar cuando suena Beyoncé. ¡Viva los gais!

Sí, queridos, y todos los españoles son toreros y todos los mexicanos, mariachis.

La representación de las personas LGBT* en los medios de comunicación va mejorando, pero todavía es muy limitada. A menos que seas una de esas personas afortunadas que crecieron rodeadas de gais, tal vez pienses que todos los hombres gais son presentadores afeminados de programas de entrevistas y que todas las mujeres gais son comentaristas deportivas. Esperemos que seas consciente de que esto no es así. Lo más probable es que puedas contar con los dedos de una mano las personas transgénero que salen en televisión.

Harvey Milk, el LEGENDARIO defensor de los derechos de los gais, animaba a todos los gais a dejarse ver más para que los jóvenes estuvieran rodeados de una infinidad de ejemplos de diferentes tipos de gais. De esa manera la gente vería que los estereotipos no tienen ningún sentido.

Vamos a echar un vistazo a los estereotipos más habituales sobre las personas homosexuales.

| ESTEREOTIPO | ¿REALIDAD O FICCIÓN? |
|---|---|
| Todos los hombres gais se visten como dioses y bailan como Fred Astaire. | Entra en un club gay un sábado por la noche y verás una sublime mezcla de bailarines patosos, tímidos que arrastran los pies y tontainas que agitan los brazos en el aire. Algunos gais visten bien y otros se visten como David Hasselhoff. |
| Todas las mujeres gais llevan el pelo corto. | Sí, claro. Todas tienen defectuoso el gen del pelo largo. ¿Qué te parece? ¡Por supuesto que no es cierto! Muchas lesbianas llevan el pelo largo y muchas heterosexuales lo llevan corto. |
| A los hombres gais les atraen los niños. | Ah, el viejo tópico. Algunas personas profundamente homófobas creen de veras que es así. Piénsalo bien. ¿Sabes lo que les gusta a los hombres gais? TÍOS CORPULENTOS Y PELUDOS CON UN BUEN RABO. ¿Sabéis quiénes no tienen ninguno de estos atributos? Los niños. A los hombres gais les gustan los hombres. Punto. |
| Los hombres gais siempre trabajan de azafatos o peluqueros. | Algunos, sí. La mayoría, no. |
| Las mujeres gais odian a los hombres. | Imagino que odian a los hombres que dicen esto. |
| Las mujeres gais desean hacer tríos con hombres, como en el porno. | Esta teoría se basa en la anticuada y falsa idea de que todas las personas homosexuales están esperando el chico/chica ideal que les haga darse cuenta de que van por mal camino. Lo siento, chicos, pero a las chicas gais les vuelven locas las vaginas. Y vosotros no tenéis. |
| Los hombres gais son unos putones. | En primer lugar, no utilizamos esa palabra porque no es nada bonita. Más adelante veremos con más detalle esta cuestión, pero está claro que esto no se puede aplicar a todos los gais. |
| Todos los trans son gais. | SON COSAS DIFERENTES. Si dibujáis un pequeño diagrama de Venn, habrá una pequeña parte donde el conjunto gay se solape con el círculo trans, pero eso pasa en todos los ámbitos, ¿no? |
| Todos los hombres gais tienen sida. | Suspiro. Por desgracia, es el motivo por el que mucha gente mayor no se fía de los gais. Esta idea es ERRÓNEA en unos cincuenta niveles, todos ellos potencialmente peligrosos. Ya hablaremos de la epidemia del sida y de las enfermedades de transmisión sexual con mucho más detalle, porque son muy importantes dentro de la cultura gay. |
| Todas las mujeres gais tienen gatos. | Sí. Todas. Así es como planean conquistar el mundo: un ejército de lesbianas con gatos blindados. (Sarcasmo.) |
| Los hombres gais son «chicas». | ¿Tienen pene? ¡Sí! Pues entonces, los hombres gais son hombres. |
| Las personas bisexuales apuestan sobre seguro. | Si así fuera, ¿no lo haría todo el mundo? |
| Los transexuales son travestis. | Esto ya lo hablamos en la sección correspondiente. |
| Los transgéneros están enfermos. | Sí, enfermos de oír afirmaciones como ésa. |

Creo que habéis pillado el mensaje: hay muchos, demasiados estereotipos sobre las personas LGBT*.

# POR QUÉ LOS ESTEREOTIPOS SON UNA MIERDA

«Creo que todos los estereotipos son una mierda. Ya sean estereotipos raciales o sexuales o culturales, siempre encontrarás a alguien que encaje en ellos. Pero los estereotipos sugieren que un grupo, o al menos una mayoría de ese grupo, se comporta de una determinada manera, y eso invalida la idea de individualidad.»

BFL, 43 años, Minnesota, EE.UU.

Los estereotipos son gilipolleces por una razón muy simple: deshumanizan a la gente y fomentan la existencia de prejuicios horribles y discriminación. Los fanáticos se multiplican gracias a los estereotipos. Es mucho más fácil odiar un estereotipo sin rostro que a un ser humano.

Además de ser gente impresionante, los LGBT* también son una minoría perseguida. Esto no es sorprendente. Me temo que en el mundillo gay no todo son fiestas y cruceros; en muchos lugares del planeta ser gay es ILEGAL. Ya lo sé, es de locos.

Pensemos en otras minorías perseguidas. Voy a utilizar un ejemplo que vemos a menudo en los periódicos y en la tele: los musulmanes. En lugar de hablar de «terroristas», a menudo los lectores hablan de «terroristas islámicos» o «extremistas islámicos». ¿Tiene importancia que los terroristas se identifiquen como musulmanes? NO, NO LA TIENE.

La gente que no es muy inteligente empieza a asociar los dos conceptos hasta que los intolerantes empiezan a decir cosas como que «todos los musulmanes son terroristas». Esto, amigo mío, es una forma muy peligrosa de pensar.

De igual manera, los estereotipos sobre las personas LGBT* alimentan la homofobia, de la que hablaremos con más detalle en el siguiente capítulo.

**Cada persona LGBT\* es única y exclusiva. Aunque a muchas personas gais les gusten las mismas cosas (hay una cultura gay o *queer* muy rica y variada), no hay dos LGBT\* iguales.**

Aunque te identifiques como gay, lesbiana, bisexual, transgenérico o *queer*, tú eres tú. Hay infinitas formas de ser gay, y todas son estupendas. Así que decir cosas como «todos los gais visten bien» es inútil y deshumaniza a los hombres gais a los que les importa un bledo la moda.

Recordad, ser gay es solo un aspecto de la personalidad, así pues, ¿cómo vamos a ser todos iguales?

## ¿QUÉ ESTEREOTIPOS TE MOLESTAN?

- «El estereotipo de "mi mejor amigo gay" me exaspera.» **(R., 17 años, Londres)**

- «Las lesbianas odian a los hombres. Las mujeres bisexuales son promiscuas y/o prefieren secretamente a los hombres, o no existen. Los asexuales no existen. Y todas las personas asexuales son mojigatas.» **(Nina, 16 años, Reino Unido)**

- «Todos los hombres gais son promiscuos, los bisexuales de todos los sexos son promiscuos, las lesbianas negras son siempre marimachos y agresivas, las lesbianas femeninas

son en realidad bisexuales y todos los trans tienen algún tipo de trauma.»
(**Mica, 23 años, Londres**)

- «El estereotipo del afeminado lánguido, en plan mantis religiosa. No me entendáis mal, puedo soltar un comentario irónico como cualquier reinona que se precie, pero sigo siendo un tío.»
(**Luke, 27 años, Londres**)

- «Los bisexuales son unos putones, egoístas, gais furtivos, heteros en secreto, fáciles, falsos, embusteros o que buscan lo mejor de ambos mundos.»
(**Anónimo, 15 años**)

- «"Las lesbianas son marimachos o masculinas." Como todas las personas, somos de todas las formas, tamaños, gustos indumentarios, etc. Detesto que me digan que no puedo ser gay porque no visto como una lesbiana. Otro tópico que me saca de quicio es el de que las lesbianas son buenas arreglando cosas, porque si de algo estoy segura es de que yo no lo soy.»
(**Michelle, 23 años, EE.UU.**)

- «El que más me molesta es el que da por sentado que todos los transexuales MTF son unos pervertidos, y que cambian de sexo para obtener placer sexual con su situación.»
(**Laura, 21 años, Reino Unido**)

# SUBCULTURAS CONTRA ESTEREOTIPOS

Es posible que, de Pascuas a Ramos, los estereotipos tengan algo de verdad (a muchos hombres gais les gusta Beyoncé, pero ¿a quién no?: es la reina leona del pop). ¡Pero eso no significa que esto tenga que aplicarse a un grupo entero!

Excepto el de que todos los españoles son toreros. Eso es cierto al cien por cien. (ES BROMA).

Una de las ventajas de IDENTIFICARSE como gay o bi es que, de esa manera, puedes crear tus propias normas. No estoy sugiriendo para nada que haya un conjunto de reglas para los heteros y otra para los que no lo son, pero identificarte como LGB o T o * significa que has optado por salir del grupo mayoritario (nunca se es demasiado joven para aprender que el mundo entero está gobernado y diseñado básicamente para hombres heterosexuales, blancos y cisgéneros, o sea, para «el patriarcado»). Esto significa que eres libre de adoptar los elementos de la cultura gay o *queer* que más te gusten.

**La mayor recompensa por salir del armario es que puedes ser quien quieres ser sin esconderte ni disculparte.**

«[Cuando salí del armario] todo fue más fácil, porque había estado fingiendo ser lo que no era. Ser gay hizo que pudiera ser más sincero sobre lo que me gustaba y lo que no.»

Ben, 23 años, Manchester.

Básicamente, puedes elegir los estereotipos que más te gusten, porque algunos de ellos son parte de una gran tradición establecida por generaciones de personas LGB*. ¿Que quieres trabajar como azafato de avión? Hazlo. ¿Que quieres trabajar como azafato y jugar al rugby y escuchar bandas sonoras de teatro musical sin renunciar al «thrash metal»? Bueno, ¿sabes qué? Tu identidad es tuya y la diseñas a tu medida.

Si eres una chica gay que se quiere rapar la cabeza, ¿quién diablos tiene derecho a decirte que no lo hagas? Es tu pelo.

Me gustaría señalar que las personas gais no provocamos la homofobia con nuestro comportamiento. Los homófobos son unos intolerantes y ese, amigo mío, es su problema.

**Las personas LGB\* no eligen ser LGB\*. Los homófobos sí eligen odiar.**

Hay varias tendencias en la cultura gay que no son estereotipos, sino identidades dentro de una identidad. No puedes elegir que te gusten los chicos o las chicas, pero una vez has aceptado quién te atrae, puedes elegir entre varios estilos de vida. Dentro de la cultura gay hay varias subculturas de las que puede que hayas oído hablar o hayas visto en el escenario gay:

## OSOS

Son gais corpulentos y peludos que a menudo llevan barba.

## NUTRIAS

Gais MÁS DELGADOS, hirsutos y con barba. No me lo estoy inventando, de veras.

## OSEZNOS

Obviamente, son gais MÁS JÓVENES, corpulentos, peludos y a menudo con barba.

## TWINK

Éste también es para chicos. Un twink es normalmente un jovencito imberbe. ¡Bandas depilatorias al ataque!

## MUSCULOCAS

Gay musculoso. El ejercicio físico y los gais están muy relacionados. Más adelante volveremos sobre el tema.

## CAMIONERA

Mujer gay que ha adoptado características tradicionalmente masculinas (por ejemplo, el bigote), pero que no se identifica como hombre. Tampoco está bien utilizar la palabra «camionera», salvo si te estás describiendo a ti misma.

## ZAPAS o SCALLIES

Por lo general, un gay aficionado a la ropa deportiva y la joyería masculina.

## LESBIANA FEMENINA/CHIC

Mujer gay a la que le gustan los vestidos, peinados y maquillaje «tradicionalmente femeninos» (y eso, ¿qué significa?).

Por supuesto, la mayoría de los hombres y mujeres gais no entran en ninguno de estos grupos y son sencillamente hombres y mujeres que se sienten atraídos por personas con los mismos genitales que ellos. Es un bufé de identidades en el que puedes coger tu plato y ponerte una cucharadita de gay o volverte loco y coger todas las etiquetas que puedas llevar a la mesa.

«A veces creo que sería más sencillo si me pareciera más al estereotipo de lesbiana, porque sería más fácil de llevar. Pero entonces no sería yo… Tienes que ponerte la ropa que te gusta.»

Jenny, 31 años, Dublín, Irlanda.

Si te identificas como gay o como lesbiana, apuesto a que te crees capaz de identificar a alguien como tú, ¿verdad? Me gustaría que cogieras un lápiz y dibujaras a un gay y a una lesbiana en este lienzo… ¡VAMOS ALLÁ!

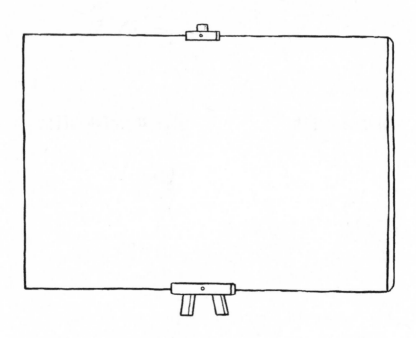

Apuesto a que has dibujado:

esto                                                      o quizás

           o esto                                        esto

Pero durante muchas décadas, los LGBT* han tenido que ser invisibles por miedo a la persecución. Por lo tanto, muchos hombres y mujeres homosexuales tuvieron que camuflarse como si fueran extraterrestres que invaden cuerpos terrícolas, pero no de la casta malvada, naturalmente. Es superhomófobo insinuar que todos los hombres y mujeres gais se parecen.

Dicho esto, añadiré que algunos homosexuales disfrutan jugando con los tópicos de estilo y género. Hasta cierto punto, toda subcultura tiene un uniforme: mira los góticos, los mods, etc. Adoptar un estilo acorde con la propia identidad sexual es muy diferente de ser transgénero, como ya vimos en la sección sobre la identidad. Se trata más de una estética que toma prestadas las normas del género o que busca la androginia. ¿Por qué una mujer no debe cortarse el pelo? ¿Por qué los chicos no pueden maquillarse? Parte de lo divertido de ser gay es hacerle una peineta a «la norma».

En la próxima sección nos fijaremos en algunos estereotipos especiales, empezando por los hombres gais.

# CAMP

La palabra inglesa *camp* se aplica a menudo a los hombres gais, aunque todo puede ser *camp*. Las mujeres gais pueden ser fantásticamente *camp*, basta con fijarse en Ellen DeGeneres. *Camp* significa excesivo, vistoso, kitsch y teatral, pero también una conducta sofisticada, ingeniosa y subversiva. Más abajo, cuando hablemos de «iconos gais», veremos que muchas celebridades adoradas por los gais poseen estas cualidades.

Aunque *camp* suena literalmente como algo fabuloso, a menudo es utilizado como un insulto, a veces por los heterosexuales, pero lo más sorprendente es que también es utilizado así por los gais. «Es demasiado *camp* para mí» es una frase que se oye en boca de muchos chicos gais cuando están decidiendo si ligar o no con alguien.

Otra acepción que se relaciona con *camp* es «afeminado» y aquí es donde parece que está el problema.

Parece poco probable que los jóvenes gais sean afeminados de nacimiento, pero cuando era profesor conocí en mi clase de primer curso a niños de cinco y seis años que eran innegablemente afeminados. ¿Cómo era posible? Una posibilidad es que estos chicos se identifiquen como chicas a una edad temprana: muchos trans lo hacen (recordemos la historia de Rory). Es posible que se sientan sexualmente confusos porque se sienten atraídos por otros chicos, pero no saben que ser gay es una opción, así que se ponen a imitar rasgos «femeninos». No obstante, esto podría ser el resultado de sentirse «diferentes» de los demás chicos, así que se limitan a adoptar las características de sus amigas más cercanas. Otra teoría es que los gais jóvenes tienen un radar para detectar el afeminamiento: identifican iconos afeminados en los medios de comunicación e imitan su conducta.

Sea cual sea el origen del *camp*, es lícito decir que por muy machos que se crean los gais, los desconocidos son a menudo MÁS que capaces de identificar a un gay a veinte pasos, sobre todo si ellos también son gais.

Si preguntáramos a cien gais si piensan que son afeminados, se rascarían los huevos, adoptarían un tono de voz diez decibelios por debajo de lo normal y dirían: «Na, tío, yo no». Calculo que tres o cuatro dirían: «Bueeeeno, a veces, si he bebido un poco».

A los gais parece que les dé miedo resultar afeminados. Cuelgan su perfil en Grindr (una red social para gais) diciendo que son «normales» y se dejan crecer la barba desesperadamente. (Enseguida trataremos el tema de la hipermasculinidad.) Parece ser que la opinión general dice que aunque pensamos que el afeminamiento queda genial en los presentadores de los programas de entrevistas, no lo queremos para nosotros.

¿Se trata simplemente de misoginia galopante? ¿Es porque los hombres gais detestan a las mujeres y todos los estereotipos femeninos? Vivir en un mundo dominado por los hombres parece habernos infectado con la idea de que lo masculino es MEJOR. ¿Será por eso por lo que algunas mujeres gais TAMBIÉN rechazan las normas femeninas y se apropian de las características del grupo dominante del planeta, el masculino?

Yo creo que no. Creo que es mucho peor. Creo que nos detestamos A NOSOTROS MISMOS.

Qué putada, ¿verdad?

Pero no es culpa nuestra. Después de DÉCADAS nos han dicho, de todas las maneras posibles, que los hombres gais son INFERIORES a los heterosexuales, hemos desarrollado ese odio interno. No estamos rechazando las características femeninas; estamos rechazando las características del estereotipo gay.

Triste, ¿no? Sí, mega triste.

Puede que no nos gusten todos nuestros estereotipos, pero son nuestros. Nos pertenecen. El resto del mundo es tan obtuso respecto a los gais que, nos guste o no, creo que todos podríamos dar un poco más de apoyo a la cultura gay. Dejadme decir algo, chicos y chicas: podéis «comportaros como heteros» todo lo que queráis, pero si os acostáis con alguien de vuestro mismo sexo, para el resto del mundo sois tan gais como Pedro Almodóvar compartiendo una tienda de campaña rosa con Jodi Foster mientras ven *Priscila, reina del desierto.*

A lo mejor tenéis una tienda de campaña rosa.

# TÍOS CACHAS

Como dije antes, toda subcultura puede desarrollar un uniforme, pero para algunos hombres gais, el estilo ha ido mucho más allá de la simple vestimenta. Es, ya lo habréis imaginado, un estereotipo, pero a menudo se cree que los gais tienen los mejores cuerpos del mercado.

Entrad en cualquier bar de ambiente de tamaño respetable y, aquí viene otro estereotipo, veréis tíos grandullones moviéndose por la sala sin camiseta. Tipos fornidos, con vientres como tabletas de chocolate y con el cuello tan ancho como mi cintura. Esta curiosa estética de tíos cachas parece haberse impuesto y es a la que aspiran muchos.

Hay un par de teorías sobre esta cultura de carne de gimnasio. Podría estar ligada al gusto de los hombres gais por todo lo masculino. Los hombres quieren hacérselo con hombres, así que cuanto más masculino seas, mejor. Si quieres ligar mucho, conviértete en una fantasía, en un personaje de cómic. Sé lo contrario a lo femenino.

La segunda teoría es más triste. Si a un joven gay le han estado machacando con mensajes que dicen que femenino < masculino y que gay < hetero, entonces es lógico que esos mismos jóvenes desarrollen un desprecio interior por todo lo femenino y lo gay y, en consecuencia, se esfuercen por tener una apariencia lo más masculina posible, como si pudieras dejar de ser gay a fuerza de voluntad.

Alan Downs, autor de *The velvet rage* («La rabia de terciopelo»), apoya la idea de que la obsesión gay por el cuerpo musculoso tiene que ver con el autoodio. Cree que los hombres gais buscan niveles imposibles de perfección física para ocultar una tristeza interior: que solo serás feliz si alcanzas ese nivel de perfección y si consigues que unos cuantos hombres más quieran echarte un polvo. Este autor cree que los hombres gais buscan la aprobación en los sitios donde no deben.

No estoy del todo de acuerdo con ninguna de las dos teorías. Sencillamente creo que estamos sujetos a una presión de grupo, incluso de adultos (vemos a un Musculoca en el porno, en el bar, en la playa, y empezamos a creer que también podemos serlo). Esto es algo que las mujeres vienen sufriendo desde hace años, sobre todo desde la aparición de modelos altas y delgadas en las revistas de moda.

Es un hecho estadístico que los hombres gais son más propensos a los trastornos alimentarios que nuestros hermanos heteros. Llegamos hasta donde haga falta para encajar en los clubes. Como nunca he visto a un tío hetero bailando sin camisa, no es difícil entender el motivo.

**Pista: tener una tableta de chocolate nunca ha hecho feliz a nadie. Nadie ha llegado a ese estado en el gimnasio y se ha puesto a gritar: «¡LO CONSEGUÍ! ¡YA SOY FELIZ!» Quizás alguno de nosotros se aferre a la idea de que la verdadera felicidad consiste en una sesión de gimnasia más y por eso seguimos yendo al gimnasio.**

Como dije en la sección sobre el *camp*, no importa el aspecto que tengas ni cómo te vistas: cuando eres gay, eres gay a los ojos del mundo. No existe algo así como «él es más gay que yo». Si te descubres diciendo cosas así, es porque te enfrentas a algo muy triste y muy arraigado.

# ESTEROIDES

Los cuerpos de los tíos cachas tampoco son milagrosos. ESTEROIDES. Por desgracia, es así de simple. ¿Vamos a alguna playa gay a jugar a AUTÉNTICO O CON ESTEROIDES? Algunos individuos tienen cuerpos esbeltos, definidos e incluso musculosos de nacimiento, pero creo que se puede detectar a un consumidor de esteroides a un kilómetro de distancia. El uso de esteroides es endémico en la comunidad gay. Con unas cuantas excepciones, todos los tipos supermacizos los utilizan.

Bien. Hablemos de los esteroides, concretamente de los esteroides que son anabolizantes androgénicos (EAA para resumir). Los consumidores se inyectan o ingieren grandes dosis de una hormona masculina llamada testosterona, que favorece el desarrollo muscular. La mayoría de consumidores toma los EAA de un modo irregular, lo que causa variaciones en su masa muscular siempre que necesitan parecer macizos. Algunos toman un combinado de esteroides diferentes, una práctica conocida como *stacking* («atracón»).

Si todo el mundo los toma no serán tan malos, ¿verdad? ¿Verdad? Mentira.

| BENEFICIOS | Mientras tomas la hormona, aumentará tu masa muscular, sobre todo si al mismo tiempo sigues un estricto programa de ejercicios. |
|---|---|
| EFECTOS SECUNDARIOS | **Psíquicos/de conducta:**<br>Agresividad • Cambios de humor • Paranoia • Euforia patológica • Delirios • Depresión • Ideas suicidas • Inapetencia sexual • Insomnio. |
| | **Físicos:**<br>Agrandamiento del corazón • Ataques al corazón • Daños en el hígado • Acné severo • Retención de líquidos • Contracción de los testículos • Disminución del esperma • Calvicie • Aumento del riesgo de cáncer de próstata • Riesgo de contraer sida y hepatitis por el uso de la jeringuilla. |

Creo que esta tabla habla por sí misma. Como con todas las sustancias ilegales (aunque hay personas a las que se les prescribe un tratamiento hormonal por razones legítimas), **el hecho de que tus colegas lo hagan no quiere decir que sea sano.**

Y además, no sé cómo decir esto de forma delicada. NADIE QUIERE MONTÁRSELO CON UN PSICÓPATA CALVO, LLENO DE GRANOS Y CON LAS PELOTAS COMO PASAS DE CORINTO. (Soy famoso por mi tacto.)

Es un círculo vicioso. Los consumidores solo tendrán un cuerpo cachas mientras consuman estos productos. Por lo tanto, ten en cuenta que no puedes manipular tu físico ni artificialmente, ni exagerando tus esfuerzos en el gimnasio como si estuvieras inflando una baja autoestima. Hablando con franqueza, es un engaño, así de sencillo.

Insisto: nadie ha alcanzado la felicidad solo por ir al gimnasio. Los tipos corpulentos quieren ser más corpulentos. Es la búsqueda interminable de un estado de perfección que no existe. Los que utilizan esteroides no son más felices, solo más corpulentos. Finalmente, el aspecto de tío cachas es muy específico y no a todo el mundo le va ese estilo hormonado (yo creo que parecen MONSTRUOS). No te garantiza que consigas pareja.

«Se nota cuándo alguien consume esteroides: ¡las venas hinchadas en la cabeza! Personalmente creo que es un *look* muy cutre. Brazos y torsos gordos y musculosos sobre piernas canijas. Para ser sinceros, lo encuentro repulsivo.»

T., 22 años, Brisbane, Australia.

# GUERRAS DE CHICAS

Mientras los hombres gais libran una batalla contra el *camp* a través de los músculos, las mujeres gais tienen sus propias luchas internas. Esta guerra es sobre la feminidad. Las «camioneras» se pelean a menudo con las «lesbianas chic» y viceversa. Oirás muchos argumentos como éstos:

**«Soy lesbiana, así que me gustan las mujeres que parecen mujeres.» O: «Finge ser totalmente femenina, pero en el fondo es un marimacho».**

Al igual que entre los hombres gais, estas luchas internas no ayudan a nadie. Ya tenemos bastantes problemas fuera de la comunidad tal como están las cosas. Parece que algunas mujeres piensan que abrazar estereotipos o rechazarlos está perjudicando de alguna manera a «la causa», pero está claro que es una equivocación. Todo lo que una persona quiera ser es aceptable. Todo se reduce al gusto personal. A unas mujeres les gusta el maquillaje y la moda, y a otras no.

Os habréis dado cuenta de que todo esto no tiene NADA que ver con la sexualidad. De hecho, lo más preocupante es que las mujeres heterosexuales puedan ser acusadas de ser homosexuales por el mero hecho de que no les gusta perder el tiempo con peinados, ropas y maquillaje. Esto es homófobo y sexista A LA VEZ.

De hecho, a la hora de ligar, hay mujeres lesbianas a las que les gusta el tipo camioneras y hay quien prefiere un estilo más femenino: hay gustos para todo.

# MISÁNDRICAS

Una mezcla de propaganda negativa en los medios de comunicación y pura misoginia ha promovido igualmente el mito de la «lesbiana cabreada», la idea de que todas las lesbianas son activistas que quieren matar y arrancarles la cabellera a los hombres. Esta respuesta es idéntica a la que reciben las mujeres de los hombres cuando utilizan la palabra «feminismo». Es una forma masculina de rebajar a las mujeres, de mantenerlas en su sitio. Fijaos que a las feministas suelen acusarlas de ser lesbianas. Dejémoslo claro: las lesbianas no odian a los hombres. Sencillamente, no quieren tener relaciones sexuales con ellos.

Muy a menudo, cuando se habla de cosas de mujeres, veo que el término «hombre» se utiliza para describir «el patriarcado». Esto también es un error.

# "ÚNETE A NOSOTRAS"

Esto es tan ridículo que casi ni merece la pena mencionarlo, pero la pornografía (más tarde hablaremos de esto) ha llevado a algunos jóvenes heterosexuales a creer que las lesbianas ligeras de ropa estarían encantadas de montárselo con ellos en un trío. Está claro que no es verdad.

Es probable que algunas mujeres bisexuales o *queer* busquen maromos de manos húmedas en Internet para organizar tríos, pero la mayoría no. Desde luego, ninguna lesbiana. No dejaré de decirlo: a las lesbianas les gustan las vaginas. Ni siquiera les gustan los mirones. LO SÉ, ¡qué desconsideradas! ¿Se nota mi tono sarcástico?

La idea de que las mujeres gais están «esperando al hombre ideal» tiene consecuencias más dramáticas. En algunas zonas de África del Sur existe un castigo, la «violación correctiva»: una práctica horrible y desgarradora en la que mujeres gais (se estima que unas diez por semana) son violadas por individuos o por grupos «por su propio bien», para volverlas heterosexuales. Todos, heterosexuales, homosexuales y demás, debemos, DEBEMOS entender que las mujeres de todas las orientaciones gozan de los mismos derechos y libertades sexuales que los hombres.

# GAIS CONTRA LESBIANAS

Uno de los mitos más raros que circulan sobre nosotros dice que los hombres gais detestan a las lesbianas y viceversa. Voy a ahorrarte tiempo. Si conoces a hombres gais que detesten a las lesbianas (o, para el caso, que menosprecien la vagina como idea), entonces esos gais son unos capullos misóginos. Si conoces a alguna lesbiana que tache de lesbianófobos a todos los hombres gais, entonces se trata de una homófoba sexista.

**Esto funciona en los dos sentidos.**

No es necesario decir que las personas gais a menudo muestran una sorprendente falta de sensibilidad con los trans, confundiendo continuamente a las *drag queens* con los transgenéricos.

No hay razón para estos conflictos más allá de los chistes malos, supervistos, casposos y propios de espectáculos baratos que deberían haberse tirado a la basura junto con las tenacillas para rizar el pelo y los Tamagotchis.

Repito, en el mundo hay mucha homofobia. ¿Por qué hemos de aumentarla?

# COLGADOS

¡Pobres bisexuales! En esta sección incluyo también a los *queer*, pansexuales y curiosos. Como a los humanos nos han enseñado a pensar en blanco y negro, la gente que no se conforma con ser HOMO o HETERO a menudo puede ser rechazada por ambos bandos.

Los heterosexuales creen que los bisexuales son «egoístas» o «indecisos», mientras que los homosexuales se inclinan más por el «Bah, seguro que es gay». Ambos creen que «cuando encuentren a la persona ideal elegirán el bando». Como he dicho antes, yo no creo que ningún bisexual se dedique a apostar sobre seguro. Supongo que es mucho más fácil elegir bando. Por lo tanto, hace falta ser valiente para identificarse de esta manera.

Depende de ti decidir si los bisexuales tienen lo mejor o lo peor de ambos mundos. En mi opinión, los bisexuales no tienen los privilegios de la sociedad heterosexual y encima les falta el sentido comunitario de los gais y las lesbianas.

Vamos todos a abrazar a un bisexual esta semana. Ellos también necesitan nuestro apoyo.

# CONFORMIDAD

En todos los grupos hay normas sociales y ser LGBT* no es una excepción. Quizás algunos estereotipos surjan de estos atributos compartidos. Pero nadie tiene por qué amoldarse a estas características. A pesar de los muchos estereotipos de los que hemos hablado en este capítulo (en cuanto a peinados, moda o conducta), es importante recordar que incluso si asumes alguno de ellos, sigues siendo un individuo.

Solo hay una persona como tú y puedes hacer lo que te apetezca siempre y cuando cuides de ti y no hagas daño a nadie.

**Para ser lo que quieres ser solo hay una norma: ser sincero contigo mismo.**

# CAPÍTULO 5:

# EL MIEDO

Hasta ahora creo que he vendido bastante bien este asunto de los LGBT*. Es decir, que parece maravilloso, ¿no? Puedes vestir como quieras y montártelo con quien quieras. Es superchulo y moderno (si no, pregúntale a Zachary Quinto, a Andrej Pejic o a Angel Haze). Puedes formar parte de una subcultura vanguardista relacionada con el arte, la música y la moda. Pero lo más importante es que puedes ser quien eres realmente. Finalmente tú eres tú.

## ¡HURRA!

Ay, ojalá fuera así de sencillo. Mientras que algunas personas salen del armario como si fueran una primera figura del patinaje, otros encuentran el proceso más parecido a Bambi aprendiendo a andar. Para algunos, aceptar su sexualidad y definirse es lo más difícil que les pasará en toda su vida.

Pero ¿por qué a algunas personas les resulta tan difícil?

# HOMOFOBIA/TRANSFOBIA

Los diccionarios suelen definir la homofobia como «el miedo irracional, aversión o discriminación de la homosexualidad o los homosexuales». Ojo a la palabra «irracional». La definición también vale para la transfobia.

La homofobia, hablando en líneas generales, procede de dos sitios: de dentro y de fuera. Otras personas alardean de sentimientos homófobos, pero también los propios gais y bisexuales creen que hay algo malo en ser gay o bisexual.

De nuevo, esto vale también para la transfobia. Muchos trans han crecido en ambientes en los que se les ha hecho creer que hay algo «raro» en querer cambiar de género.

¿Y qué pasa si crees que hay algo malo en ser gay, bisexual o trans Y resulta que TÚ lo eres? Esto es más habitual de lo que parece. Para no agobiarnos, lo llamaremos AUTOODIO.

Si una persona joven cree que hay algo malo en ser LGBT*, es poco probable que salga al balcón y se ponga a gritar que lo es mientras agita una bandera con los colores del arco iris, ¿verdad?

Está claro que el conflicto aquí es **por qué creen que ser LGBT\* es malo.** No creo que nadie pueda nacer homófobo (o transfóbico), así que ha de proceder de fuentes externas, lo cual nos lleva directamente a la homofobia.

# HOMOFOBIA EXPLÍCITA

Por desgracia, hay intolerantes de mente estrecha por todas partes que disfrutan haciéndote saber lo idiotas que son. «Éste es país libre», dicen. «Yo puedo decir lo que quiera.» Bien, incitar al odio es un delito, así que no, no puedes decir todo lo que quieras.

- Algunos homófobos detestan a los gais porque creen que deben detestarlos. Hablaremos de esto en el capítulo 6.

- Algunos homófobos creen que es sucio o asqueroso. Lo que hay que oír.

- Algunos homófobos creen que los gais van a bajar por su chimenea para convertirlos, como si fueran VAMPIROS.

¿Os dais cuenta? Irracionales. Y cabezotas, mal informados e ignorantes.

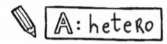

A: hetero

Los transfóbicos sienten el mismo asco por los trans porque creen que es imposible que alguien cambie de género o porque, como sucede con los gais, ven a los trans como MALVADAS SIRENAS SEXUALES QUE TE ENGAÑAN CON SU GÉNERO OCULTO. Habla con ciertos cisgéneros sobre Tailandia y a los pocos segundos dirán algo despectivo sobre el tercer género, te lo aseguro.

Si una persona joven ha crecido entre padres o tutores que se han reído cada vez que en una serie aparecía una pareja gay, han estado enviando al niño un mensaje claro de que no aprueban a la gente LGBT*. No tendrían que ser ni padres ni tutores. Si un grupo de

la escuela ha pasado diez años diciendo: ¡JA! ¡QUÉ ESTUCHE MÁS GAY!, están lanzando el mismo mensaje: ese estuche es una birria, y tú, también.

## ÉSTE ES EL MOTIVO DE QUE NUNCA DEBAMOS UTILIZAR «GAY» (O «MARICA», «MARICÓN», ETC.) COMO TÉRMINO DESPECTIVO. NUNCA.

El lenguaje que utilizamos es increíblemente poderoso y muy fácil de asimilar. Me gustaría que hicieras una pequeña actividad. Necesitarás un lápiz o un bolígrafo. En estas páginas hay dos figuras de personas sin sexo. Sin salirte de la silueta (no somos animales), escribe todas las palabras (tanto amables como hostiles) que describan a los heterosexuales en la figura A y a los LGBT* en la figura B.

¿Hecho? Estoy deseando apostar a que hay muchos más términos escritos en la figura B. Quizás hayas escrito «hetero», «cisgénero» o «normal» en la figura A.

Con la posible excepción de «semental», no hay muchos términos despectivos para los heterosexuales, porque nuestra sociedad está dirigida principalmente por ellos.

Sin embargo, imagino que la figura B estará cubierta de pies a cabeza por palabras malsonantes, hostiles, ofensivas, mal informadas y dañinas. ¿Tengo razón? Hay muchas palabras, aparte de gay, lesbiana, bisexual, trangénero, *queer* o curioso que son inapropiadas. Por eso yo no he querido transcribirlas en este libro: no quiero añadir nada a esa toxicidad. Las palabras cambian, pero siempre habrá términos malsonantes para poner en su sitio a los grupos minoritarios. Lo llamamos un «ejercicio de destrucción». La pobre figura B está casi destruida por los insultos.

Ya no queda nada de la persona.

Esto es lo que la homofobia hace con la gente joven. Por muy duro que sea nuestro pellejo, imagino que incluso el más curtido de los LGBT* jóvenes ha pensado: «Ay, Dios, esto no va a ser fácil». Y no lo es. Nunca. Aunque nos resulte placentero imaginarnos fuera del armario y tengamos unos padres o tutores que nos presten todo el apoyo del universo, todos sabemos que vamos a salir a un mundo plagado de odios.

Pero esta adversidad es lo que hace más fuerte a la gente LGBT*. Por eso nos sentimos orgullosos. Si eres capaz de reconocer todo el odio que hay en el mundo y aun así declararte LGBT*, tú, amigo mío, eres un luchador.

Las personas LGBT* somos FUERTES. Porque tenemos que serlo.

# HOMOFOBIA/TRANSFOBIA INSTITUCIONAL

Esta es una clase de homofobia mucho más insidiosa. De hecho, algunas personas dirán que no es homofobia, pero yo creo que es igual de dañina.

Me gustaría que cogieras una revista cualquiera, que no sea *Zero, MENsual* o *GT*. ¿La tenéis ya? Bien. Hojeadla y poned un post-it para señalar todos los anuncios en que salgan parejas inequívocamente gais (no vale dos mujeres riéndose de las ensaladas).

Una advertencia: no vais a necesitar NINGÚN post-it porque no habrá **NINGUNO**.

Podríamos hacer la misma prueba con el cine, la televisión, la literatura o el teatro. Con la posible excepción de modelos andróginos como Andrej Pejic, Athena Wilson y Casey Legler, tampoco veréis una representación adecuada de personas transgénero.

A pesar de la gran cantidad de personas LGBT* que hay en el mundo, somos prácticamente invisibles en los medios de comunicación, algo que me parece incomprensible, sobre todo teniendo en cuenta que hay MUCHOS hombres gais de raza blanca en la producción de los medios.

Se nos fuerza a tragar los valores normativos heterosexuales desde que nacemos. La Cenicienta se lía con un tipo al que solo ha visto una vez y al que ha mentido; la Sirenita rechaza toda su cultura por un tío. Hay princesas que llegan a la zoofilia al besuquearse con un SAPO... pero no hay modelos LGBT* para niños.

Y la cosa no mejora en lo que se refiere a la televisión, libros y películas. Con algunas excepciones notables (*Tres con Tango*,

*Mi mami ya no tiene frío)* el contenido preescolar e infantil es casi exclusivamente heterosexual. Lo curioso es que el contenido dirigido a adolescentes tampoco está del todo equilibrado. Algunas series de adolescentes se atreven a incluir personajes LGBT* (mencionemos la serie inglesa *Hollyoaks* como un destacado proveedor de personajes LGBT*), y algunos autores (¡ejem!) ponen personajes LGBT* en sus novelas. Sin embargo, es poco probable que el número de personajes gais esté a la altura de la proporción de adolescentes LGBT* del mundo real y, muy a menudo, los personajes LGBT* son fugitivos suicidas, para nada representativos.

Aparte de los medios de comunicación, vamos a hablar de la escuela. En Historia, ¿os han hablado de Alan Turing? ¿De Harvey Milk? ¿Y de Martina Navratilova?

¿Qué significa todo esto? ¿Por qué esto es homofobia? Porque cada vez que te internas en un medio de comunicación (incluido Internet: a mí me llegan anuncios para heteros en Facebook) o entras en la escuela y te dicen:

## HETEROSEXUAL = NORMAL.

Es decir, que solo porque algo no sea abiertamente hostil hacia la gente LGBT* no significa que no esté susurrando por lo bajo que eres un bicho raro. Vale, ya sabemos que eres COJONUDO. Es el sistema el que es una mierda total.

### BARBA

Una mujer guapa cogida del brazo de un hombre gay que no ha salido del armario para convencer al resto del mundo de que es hetero y viril, de aquí lo de «barba».

A menudo se las ve cogidas del brazo de actores de Hollywood que no han salido del armario, como por ejemplo PON AQUÍ LOS NOMBRES QUE QUIERAS.

## MATRIMONIO LAVANDA

Falso matrimonio pensado para
que el marido, la esposa o ambos
parezcan heterosexuales a ojos del
público. Popular en Hollywood
entre personajes como PON
AQUÍ LOS NOMBRES QUE
QUIERAS, tienen matrimonios
aparentemente felices.

Estas dos instituciones privan a
los jóvenes LGBT* de modelos
preeminentes dentro de
Hollywood.

# PARANOIA

Algunos argumentarán que tanto
la homofobia como la transfobia
tienen su raíz en la sospecha y la
paranoia. Cuanto menos
entendamos a un grupo social,
cuanto menos nos molestemos
en aprender, más errores y preocupaciones tendremos.
Durante mucho tiempo los LGBT* fueron relativamente
discretos, lo que aumentó la desconfianza.

Históricamente, hubo un punto de inflexión que contribuyó al
miedo y la paranoia, sobre todo respecto a los hombres gais, y
fue la epidemia del sida de la década de 1980.

Vamos a dar una clase de historia:

El origen exacto del VIH (virus de la inmunodeficiencia
humana) y del sida (síndrome de inmunodeficiencia adquirida)

no se conoce, aunque es de suponer que la infección por VIH, que ataca al sistema inmunitario, pasó de los simios a los humanos en África a principios del siglo xx. De alguna manera, un portador del virus viajó a Estados Unidos a finales de los años setenta y la epidemia (y más tarde pandemia) comenzó a extenderse.

Durante un tiempo, se llamó GRID (inmunodeficiencia relacionada con los gais) al VIH/sida, y cuando el mundo de la medicina cayó en la cuenta de que la enfermedad podía afectar a cualquier persona, tanto si era gay como si no, el daño ya estaba hecho: el VIH/sida se había convertido en una «enfermedad gay».

La mala fama surgió de las grandes comunidades gais de Nueva York y California, donde los gais y los bisexuales, que antes no tenían la necesidad de utilizar condones, propagaron la infección a una velocidad de vértigo. Miles de hombres murieron incluso antes de que los investigadores llegaran a entender la enfermedad.

Los portadores de VIH podían llevar años infectados antes de desarrollar la enfermedad, por lo que infectaban a otros sin siquiera ser conscientes de que eran portadores del virus. Como además viajaban por el mundo entero, el sida se convirtió en un problema planetario, que afectaba a todo el mundo, aunque la reputación de ser «cosa de gais» perduró.

Pregunta a cualquier persona gay que creciera en el Reino Unido durante los años ochenta del siglo xx y te hablará de un terrorífico anuncio en televisión en el que salía gente aplastada por una gigantesca lápida con las siglas «SIDA». Provocó el pánico en todo el Reino Unido. El problema era que la gente no entendía bien la enfermedad. Algunos creían que podían infectarse solo por compartir con portadores del virus una jarra de cerveza o el asiento del inodoro. No se transmite así, como sabe todo el mundo, sino a través de la sangre y del semen, pero a los ignorantes les empezó a dar miedo todo lo relacionado con el mundo gay. Ya no se trataba de «puede que quieran engañarme para llevarme al huerto», sino de «esta persona podría matarme».

Ha costado treinta años informar mejor a la gente sobre el VIH/sida y ahora ya existen tratamientos efectivos, pero el estigma permanece. Muchos hombres orgullosos de ser gais (y en este caso, se trata de gais o bisexuales, no de lesbianas) estarán encantados de presentarse como gais, pero no como seropositivos, por miedo al qué dirán.

Así que para mucha gente de mente estrecha, el miedo a los gais está permanentemente ligado al miedo al VIH/sida. Aunque seas un niño nacido en los años noventa, tus padres recordarán vivamente la crisis del sida. Saber que sus padres aún puedan estar preocupados por el VIH/sida tiene a muchos jóvenes gais atrapados en el fondo del armario con un anorak mohoso y unas bolas de naftalina.

## ACOSO HOMÓFOBO/TRANSFÓBICO

El acoso es el maltrato sistemático, verbal, físico o mental. La homofobia, como dijimos, es el miedo irracional a personas LGB*. Junta ambos conceptos y tendrás a personas acosadas por su sexualidad. El acoso transfóbico está dirigido contra personas a las que se considera transgénero.

Si nos ponemos en plan quisquilloso, que alguien te grite en la calle «¡Oye, tú, maricón!» no es acoso homófobo, es insulto homófobo. Hay una diferencia clave: el acoso supone una campaña reiterada contra un individuo o contra un grupo.

Empecemos por el **maltrato o acoso físico. Bien, la agresión siempre es un delito, así que la ley está de tu parte.** Piensa que en 2014, el Parlamento de Cataluña aprobó una ley revolucionaria al respecto, la ley 11/2014, del 10 de octubre, para garantizar los derechos de lesbianas, gais, bisexuales, transgéneros e intersexuales y para erradicar la homofobia, la bifobia y la transfobia. En el Código Penal español, existe un artículo, el 22, donde se estipulan los agravantes de los delitos, entre los que figura cometerlos por motivos discriminatorios, incluidos los que hacen referencia a la orientación sexual. Algunos cuerpos policiales incluso tienen algún agente LGBT* de enlace para ayudar a las víctimas de estos delitos. Si te han agredido, deberías llamar al 112 o visitar la comisaría de policía de tu distrito. Si la agresión ha tenido lugar en la escuela, sigue siendo una agresión y deberías llamar a la policía o conseguir que alguien de tu escuela lo haga.

Otro ejemplo de cómo la ley está de tu parte es Inglaterra, donde la ley inglesa de justicia criminal de 2003 dice que los delitos homófobos/transfóbicos deben castigarse con más seriedad y que a los que los cometen se les apliquen penas más largas de prisión.

**Denuncias de terceros: por si puedes conseguir que alguien que conozcas informe de un delito; así, ni siquiera tienes que identificarte si prefieres mantener en secreto tu orientación sexual.**

## ACOSO ESCOLAR

«Cuando estaba en 9° curso, salí del armario y se lo dije a mis amigos y a ellos les pareció bien, y luego se lo dije a mi padre. Pregunté en la escuela si había algún tipo de apoyo, porque me estaban acosando. Los compañeros se burlaban de mí y una vez, en el pasillo, un grupo de chicos se puso contra la pared mientras decían "tapaos el culo". Les dije a los profesores que me estaban acosando y fui a hablar con la consejera de estudios. Tras hablar con ella, dio una conferencia sobre el acoso homófobo. Me hizo hablar delante de todo el mundo sobre el tema, y me resultó muy difícil. Después del acto… la mayoría de los acosadores me dejaron en paz; solo siguieron unos pocos. Los compañeros aún se me acercan a decirme que fui muy valiente.»

N. 17 años, Burgess Hill, Reino Unido.

## CÓMO ENFRENTARSE AL LENGUAJE HOMÓFOBO

«ESO ES UNA MARICONADA» y «NO SEAS MARICÓN» se emplean todavía con demasiada frecuencia en las escuelas e institutos. ¿Qué puedes hacer cuando las oigas? Usa el sistema **PCISD**:

- Pregunta: ¿Qué quieres decir con eso?

- Comprensión: ¿Sabes lo que significa realmente «gay»?

- Institución: Esta escuela es un lugar de tolerancia; no puedes decir eso.

- Sensibilidad: Considero esa expresión homófoba y ofensiva.

- Diversión: Ah, vaya, tienes razón, esas zapatillas se quieren aunque sean mujeres.

Solo debes enfrentarte al lenguaje homófobo o transfóbico si no te pones en peligro al hacerlo: no te metas en peleas ni corras ningún riesgo.

El acoso homófobo o transfóbico sigue siendo un gran problema en las escuelas e institutos. ¿Por qué? Si preguntaras a la mayoría de jóvenes: «¿Odias a los gais?», probablemente dirían que no. Creo que es porque los acosos de TODA clase son un problema en escuelas e institutos y, en recintos tan cerrados, la gente la emprende a golpes por cualquier motivo: sea por tu pelo, tu peso, tus gafas, tu ortodoncia, tu ropa O la orientación sexual que perciben en ti; la gente siempre encuentra algo para desahogarse.

## ESO NO SOLUCIONA LAS COSAS

Desde luego, puedes contribuir a erradicar el acoso intentando no desahogarte con nadie. No creo que todos seamos inocentes en lo que respecta al acoso en el instituto. Creo que en un momento dado, un mismo individuo puede ser tanto un acosador como una víctima.

**Fíjate en que he dicho la orientación sexual que PERCIBEN en ti. Recuérdalo: no solo las personas LGB\* sufren el acoso homófobo, hay muchos heterosexuales que también lo han sufrido.**

El impacto del acoso homófobo es enorme. La fundación Stonewall por los derechos gais llevó a cabo una investigación y descubrió que el cincuenta por ciento de los estudiantes LGB\* hacía novillos, mientras que el setenta por ciento decía que había afectado a su rendimiento escolar. Pues eso no es bueno.

El acoso homófobo/transfóbico puede adoptar muchas formas:

- Acoso verbal (insultos)

- Propagar rumores

- Exclusión (ser dejado fuera de grupos o actividades)

- Ciberacoso (mensajes de texto en línea)

- Amenazas de muerte

- Violencia física

- Agresiones sexuales

Repito, la ley está de tu parte. POR LEY una escuela tiene que resolver toda clase de acosos y convertirse en un espacio seguro. Las escuelas también deben dar pasos EFICACES para que los jóvenes LGBT\* no se sientan marginados; no es suficiente que las escuelas se limiten a tolerarnos.

**Sé la PUERTA QUE CHIRRÍA: si educadamente haces suficiente ruido en la escuela, alguien terminará por engrasar los goznes.**

# LA HISTORIA DE DOUGLAS

En 2008 volví a Escocia después de haber vivido en el extranjero. Tenía dieciséis años y pensaba ir a la universidad cuando transcurrieran otros dos.

«Oye, ¿has visto a ese chico nuevo del Canadá? Es un maricón de mierda.»

Lo que Kyle le había dicho a Graeme en el pasillo, ajeno a mi presencia, se me quedó grabado. ¿Cómo lo sabía?, pensé. ¿De dónde ha salido todo esto? ¡Yo apenas lo conocía!

Había hablado conmigo una sola vez, pero había hecho todas las deducciones que necesitaba para empezar una campaña de miedo y aislamiento que duró los dos últimos años de instituto. Podía achacarlo a su inmadurez (tenía un año menos que yo), pero esas cosas suelen colar casi siempre. Había agresiones verbales directas y en la clase de educación física Kyle y Graeme me agredieron físicamente en algunas ocasiones. No es fácil explicar por qué tienes tantos hematomas en el costado, que se debían a los golpes que me daban repetidamente con palos de hockey. Pero de alguna manera me las arreglaba para dar explicaciones.

He de reconocer que cuando recuerdo lo que ocurrió, me dan ganas de gritar, por mi ingenuidad, por no haberme quejado antes. Un viernes, durante la última clase, estaba con una amiga a la que le había contado que era gay y hablábamos de nuestros planes para el fin de semana. Entre dichos planes figuraba ver el sábado a mi novio de entonces, por una cosa u otra.

—Es estupendo —dijo Gemma— que hayas conseguido un novio.

Para mi horror, una chica que se sentaba detrás de mí exclamó:

—¿Eres gay? ¡Nunca lo habría imaginado!

La situación habría sido soportable, pero aparecieron dos problemas: primero, que toda mi clase de francés se enteró en el acto y, segundo, que Kyle se sentaba justo detrás de ella. Los últimos quince minutos de clase pasaron a cámara lenta y no recuerdo mucho más aparte de la abrumadora sensación de culpa, vergüenza y atroz falta de seguridad; la gente me demonizó y me defendió al mismo tiempo. Kyle confirmó finalmente lo que sospechaba: Douglas es gay.

Recuerdo haber salido pronto para recoger mis instrumentos en el departamento de música y salí disparado hacia mi taquilla. Cuando los demás compañeros llegaron a las taquillas, ya lo sabían.

Algunos fueron comprensivos, pero Kyle, Graeme y sus amigos disfrutaron torturándome mientras recogía mis cosas.

El lunes no quería volver a la escuela. Llegué tarde adrede para no tener que tropezarme con nadie. Mi tutora tenía ya una lista de todos los incidentes que le había contado.

Pocas semanas después, estaba en la estación local esperando un taxi para ir a casa. (Nunca me sentí ni me siento seguro andando de noche yo solo.) Kyle y Graeme pasaron a mi lado y empezaron a insultarme en la calle. Yo había aprendido a salir al paso de estas situaciones en la escuela, pero no en la calle. Se fueron y por fin conseguí un taxi. Cuando me encontré en casa sano y salvo, rompí a llorar. ¿Por qué yo? ¿Cómo podía parecerles bien aquello? Por lo que yo lograba comprender, se burlaban de lo que yo hacía en mi dormitorio. Pero por algún motivo conseguían llegar al mismo centro de mi identidad.

### Cómo contener el acoso homófobo/transfóbico en la escuela

Las siguientes medidas pueden ser útiles para enfrentarse a cualquier clase de acoso.

- Si crees que te están acosando, comienza a escribir un diario. No el típico «Querido diario, Fulanito es un amor…», sino un diario de incidentes, con nombres, fechas, horas y lugares. Toma el nombre de los testigos fiables que puedan apoyarte.

- Esta es la parte más dura: cuéntaselo a alguien en quien confíes y enséñale el diario.

- YA LO SÉ. Contárselo a alguien no hará más que empeorar las cosas, ¿verdad? MENTIRA. Eso es lo que esperan que hagas, para tener control sobre ti. El acoso es cuestión de poder y control. Si obedeces las reglas que impone tu agresor, le estás entregando todo el poder.

- Tu diario y tus testigos difícilmente podrán ponerse en entredicho. Muchos jóvenes piensan que no los van a creer. TE CREERÁN. Si el primer profesor no responde como debiera, habla con su jefe. Busca a alguien que te escuche. Una vez más, eres tú quien manda en ti.

- Los profesores también están bajo observación. Ningún profesor ni ninguna escuela quiere que los acusen de homofobia o transfobia, ya que está en juego su empleo y su reputación. Ellos te ayudarán.

- Si has sufrido alguna agresión física o sexual deberías denunciarlo a la policía.

- ¿Qué ocurrirá después? Bueno, depende de la escuela y de las circunstancias. De acuerdo con la ley, la policía y la escuela deben hacer algo. No voy a mentir: no es probable que la situación desaparezca; pero si insistes, tu escuela tendrá que adoptar medidas cada vez más rigurosas para convertirse en un espacio seguro para ti.

Mi consejo es que NUNCA TE LO CALLES. Por difícil que sea, LUCHA.

Y como palabras finales sobre el acoso, ten en cuenta que el día que dejes la escuela, tu vida como joven LGBT* mejorará, pero solo porque la vida de todo el mundo mejora al dejar la escuela. Se ha convertido en la consigna del movimiento antiacoso homófobo, pero ES MEJOR.

# DISCRIMINACIÓN EN EL TRABAJO

«Llevaba casi un año [en el proceso de transformación en mujer], y seis meses después de que empezara a mostrarme como era las veinticuatro horas del día, mi jefe, que al principio se había mostrado muy comprensivo, tomó medidas para echarme. Terminé por ahorrarles todo el rollo legal y me largué sin más, porque se estaba volviendo insoportable. No hay ninguna protección en estos casos y lo más probable es que te veas obligada a cambiar de trabajo en algún momento, ya sea porque te despiden o porque te hacen la vida tan imposible que acabas por irte voluntariamente. Como ejemplo de situación molesta, es algo bastante común (como me ocurrió a mí) que te ordenen que te limites a usar el lavabo individual, si es que lo tienen. En mi caso, para usar el único disponible tenía que tomar el ascensor, estaba mal ventilado y olía fatal, a diferencia de los lavabos normales del edificio. También conozco a varias mujeres trans a las que sus jefes les ordenan que utilicen el lavabo de caballeros.»

Irene, 33 años, Nueva Jersey, EE.UU.

Pero ¿qué pasa si tu vida no mejora cuando te adentras en el mundo laboral? Como dijimos, me temo que hay gente de mente estrecha por todas partes: en la oficina, en el hospital, en la comisaría de policía, en cualquier sitio que se te ocurra. ¡Pero hay buenas noticias! De nuevo tienes a la ley de tu parte. Ser LGBT* es una «característica protegida» (lo que me gusta porque suena como si fuéramos una hermosa clase de mariposa en peligro de extinción en Java o cualquier otro sitio exótico). Legalmente, significa que no puedes ser discriminado al solicitar un empleo, en la educación, cuando compras o alquilas inmuebles o cuando acudes a un servicio público (por ejemplo médicos o dentistas).

Cuando ya tienes un trabajo, no puedes ser despedido por ser LGBT*, ni cobrar un salario inferior que un colega hetero o cisgenérico; ni ser marginado para un ascenso, ni ser despedido por reforma de la empresa (por ser LGBT*). Si no sirves para el trabajo que desempeñas, entonces es cosa tuya, por supuesto.

Si crees que has sido discriminado en tu puesto de trabajo, puedes hablar con el departamento de recursos humanos (si existe) o buscar una institución exterior que te defienda. También puedes ir a la Oficina local de Orientación Ciudadana u Orientación Jurídica. Esta clase de conflictos suele resolverse en el juzgado.

# NO TIENE GRACIA

Antes dije que no todo era Kylie y canapés, y no bromeaba. La homofobia mata. Las estadísticas que hay a continuación son REALES y demuestran que todos debemos rebelarnos contra el odio.

- En el Reino Unido, una de cada seis personas LGB* ha sido víctima de un delito o incidente en los últimos tres años.

- Hay jóvenes LGB* que han sido acosados hasta llegar a un estado próximo al suicidio, la autoagresión o la depresión. El cuarenta y uno por ciento ha intentado o pensado quitarse la vida directamente debido al acoso, y el mismo porcentaje se autoagredió deliberadamente por culpa del acoso.

- El cuarenta y uno por ciento de lesbianas y mujeres bisexuales ha tenido síntomas claros de depresión, mientras que en el caso de los hombres gais y bisexuales el porcentaje es del veintinueve por ciento.

- Uno de cada siete hombres gais y bisexuales (trece por ciento) ha tenido síntomas entre moderados y graves de depresión, mientras que el porcentaje entre la población en general es del siete por ciento.

- El setenta y nueve por ciento de mujeres lesbianas y bisexuales ha pasado por periodos de tristeza, desdicha o depresión durante el pasado año.

- A lo largo del año pasado, uno de cada catorce hombres gais o bisexuales se ha causado lesiones a propósito. Esta cantidad se eleva a uno de cada cinco en las mujeres gais o bisexuales.

- Los jóvenes LGBT* tienen un 190 por ciento más de probabilidades de caer en las drogas y el alcohol que los jóvenes heterosexuales. (Universidad de Pittsburg, 2008.)

Excepto donde se indica otra fuente, todas estas estadísticas proceden de «Stonewall - Informe escolar 2012», «Estudio de 2011 sobre salud mental de hombres gais y bisexuales», «Delitos de odio homófobo: estudio de 2013 sobre delitos contra gais en Gran Bretaña».

# ¡BUM!

Eso ha sido una bomba sensible que te ha estallado en la cara. Sí, ya sé que todo esto es una interpretación deprimente, pero todo sea en nombre de la VERDAD. Está claro que ser LGBT* no te deprime automáticamente ni te impulsa al suicidio, pero es un hecho que los jóvenes LGBT*, cuando están expuestos al odio o a la homofobia o cuando viven con ansiedad y amenazados, son más vulnerables a los problemas de salud mental.

Este es el motivo por el que todos nosotros, todos los LGBT*, jóvenes y viejos, seguimos trabajando por una mayor aceptación y enfrentándonos a la homofobia. Incluso un libro como este habría sido impensable hace diez años. ¡QUÉ FUERTE! ¡Un libro sobre ti en una biblioteca escolar! ¿Qué será lo siguiente?

Por suerte, mientras aumentan la tolerancia, la comprensión y la visibilidad de los LGBT*, la homofobia morirá junto con los ignorantes que siguen practicándola.

# CAPÍTULO 6:

# QUIEN QUIERA ODIARTE TE VA A ODIAR

Aparte de un poco de molesta autocompasión, hay más razones prácticas por las que la gente prefiere no identificarse como lesbiana, gay, bisexual o trans, y por las que prefiere mantenerlo en secreto. Dependiendo del lugar en que vivas y la religión que profeses, las circunstancias pueden variar ampliamente. Esta sección, aunque me temo que no será divertida, es importante porque, aunque ser gay es genial, para miles de personas de todo el mundo es de todo menos guay. Y quién sabe, puede que seamos capaces de establecer una pequeña diferencia.

Lo más molesto es que la homofobia es algo cultural. En la antigüedad, la gente era mucho más abierta de mente respecto al tema gay. Mira a Safo en su isla, fíjate en la cultura homosexual de griegos y romanos. Me temo que las cosas cambiaron cuando los misioneros cristianos se dedicaron a recorrer el mundo para decirle a todo el mundo cómo tenía que emparejarse. Desde entonces todo ha ido cuesta abajo en lo que se refiere a la aceptación de la homosexualidad.

Si estás leyendo este libro en España (o en casi cualquier parte de Europa o de Estados Unidos), deberías sentirte muy afortunado porque aunque los malditos homófobos aún ronden por aquí, al menos tienes la ley de tu parte. Como ya dijimos, en algunos países de Europa tienes una protección activa.

# LECCIÓN DE HISTORIA

Aunque ahora parece inconcebible, en Inglaterra y en Gales fue ilegal ser gay hasta 1967, y Escocia no se puso al día hasta 1981 (¿en qué estarían pensando?). Irlanda del Norte lo retrasó hasta 1982. Antes de estas fechas, tanto en Gran Bretaña como en otros países europeos las relaciones sexuales entre hombres eran consideradas un delito («inmoralidad grave») o una enfermedad mental. En 1954 había alrededor de mil hombres en las cárceles inglesas por ser gais. En España existió durante años la ley de vagos y maleantes, que se cambió en 1970 por la ley de peligrosidad y rehabilitación social, donde se contemplaba que los homosexuales debían ser internados en cárceles o manicomios para su "rehabilitación". No fue hasta 1995 cuando la ley de peligrosidad fue derogada, aunque en el momento en que se inició la Transición, se dejó de encarcelar a las personas homosexuales por el mero hecho de tener una orientación sexual distinta a «lo normal».

Que el lesbianismo no fuera ilegal se debe al hecho de que dos mujeres no podían cometer «sodomía», al menos en el Reino Unido.

Veamos, por ejemplo, el caso de Alan Turing, un tipo del que deberían hablarte en el instituto. Básicamente, este genio de la criptología nos hizo ganar la Segunda Guerra Mundial, pero lo detuvieron en 1952 por ser gay (repito, «inmoralidad grave»). Aceptó la CASTRACIÓN QUÍMICA como alternativa a la pena de cárcel y acabó suicidándose en 1954. Qué mal rollo, tío.

Uno de los mayores pasos que se dio hacia la igualdad fue cambiar la edad de consentimiento sexual. Después de hacer mucho, MUCHO el ridículo, y después de que muchos, muchos políticos quedaron como unos furibundos ignorantes o pura y simplemente homófobos, la edad de consentimiento para tener relaciones sexuales entre hombres (repito: entre hombres, ya que nunca hubo reglas para las mujeres) pasó de los veintiuno a los dieciocho años y, FINALMENTE, en 2001, a los dieciséis. Esto significaba que la ley reconocía que no podía haber una serie de normas para los heterosexuales y otra diferente para los que no lo son.

Con la frustrante y desesperante lucha por la igualdad y el matrimonio, que ya dura un montón de tiempo, la discriminación abierta (pues no es otra cosa) está llegando a su fin en algunos países de Europa. En España, el matrimonio homosexual fue aprobado en 2005, pero ya hablaremos sobre este tema más adelante.

Básicamente, amigos míos, ser LGBT* en muchos países europeos puede ser molesto a veces, pero, como explico más adelante, podría ser mucho, muchísimo peor...

# LA VUELTA AL MUNDO EN (CASI) OCHENTA GAIS

No elegimos el lugar donde nacemos. Aparecemos donde se encuentra nuestra madre nueve meses después de habernos concebido. De igual manera, tampoco elegimos ser gais o bisexuales, nuestra atracción por el mismo sexo está ahí desde que podemos recordar. También los trans han sentido siempre que su cuerpo no era el que deseaban tener o, como mínimo, se han sentido incómodos con las normas de género.

En un mundo ideal no debería importar dónde has nacido ni cuál es tu orientación sexual, pero esta lotería tiene un gran impacto en personas de todo el orbe. Aunque España o el Reino Unido hayan mejorado durante los últimos cincuenta años, hay otros países que en comparación se encuentran en la Edad Media en lo que se refiere a derechos de las personas LGBT*.

Todos a bordo para lo que yo llamo EL VIAJE DE LA VERGÜENZA: países y territorios en los que los derechos humanos son más bien desechos humanos (¿veis lo que pasa por cambiar una letra?)

Estas tablas reflejan la situación en el invierno de 2013. Con suerte, estas listas irán reduciéndose con el tiempo hasta que no haya ninguna necesidad de ver este desfile de la vergüenza.

## PAÍSES EN LOS QUE NI HOMBRES NI MUJERES PUEDEN TENER RELACIONES SEXUALES ENTRE SÍ

Afganistán, Argelia, Angola, **Antigua y Barbuda,** Arabia Saudí, **Barbados,** Belice, Benin, Birmania (Myanmar), Botsuana, Burundi, Bután, Camerún, Comoras, Dominica, **Emiratos Árabes Unidos,** Eritrea, Etiopía, Guinea, India, Irán, Líbano, Liberia, Libia, Malawi, **Maldivas,** Islas Marshall, **Marruecos,** Mauritania, Omán, Pakistán, Qatar, Sahara Occidental, Islas Salomón, Samoa, San Vicente y las Granadinas, Santo Tomé y Príncipe, Senegal, Somalia, Sudán, Sudán del Sur, Togo, Trinidad y Tobago, **Túnez,** Uganda, Yemen, Yibuti, Zambia y zonas de Nigeria y Zanzíbar, que forma parte de Tanzania.

## PAÍSES EN LOS QUE DOS HOMBRES NO PUEDEN TENER RELACIONES SEXUALES ENTRE SÍ PERO EN LOS QUE NO HAY LEGISLACIÓN SOBRE LAS MUJERES

Bangladesh, Baréin, Brunéi, **Chipre del Norte,** Islas Cook, Fidji, Gambia, Granada, Guayana, **Jamaica,** Kenia, Kiribati, Kuwait, Lesoto, **Malasia, Mauricio,** Namibia, Nauru, Nigeria, Niue, Palaos, Palestina-Gaza, Papúa-Nueva Guinea, San Cristóbal y Nieves, **Santa Lucía, Seychelles,** Sierra Leona, Singapur, **Sri Lanka,** Suazilandia, Tanzania, Tokelau, Tonga, Turkmenistán, Tuvalu, Uzbekistán, Zimbabue y la República Chechena en Rusia.

## PAÍSES QUE PROHÍBEN LAS RELACIONES SEXUALES ENTRE HOMBRES Y QUE A VECES APLICAN ESA LEGISLACIÓN A LAS MUJERES

Siria, Ghana.

## PAÍSES DONDE SE REQUIERE MÁS EDAD PARA TENER RELACIONES HOMOSEXUALES

**Bahamas, Bermudas,** Chile, Indonesia, Costa de Marfil, Madagascar, Níger, Suriname, Vanuatu, algunos estados de Estados Unidos, y Queensland, en Australia

## PAÍSES QUE APLICAN LA PENA DE MUERTE A LAS PAREJAS HOMOSEXUALES

Afganistán, Arabia Saudí, Emiratos Árabes Unidos (por ejemplo **Dubái**), Irán, Maldivas, Mauritania, Pakistán, Sudán, Yemen, algunas zonas de Nigeria y Somalia, y la República Chechena en Rusia.

Hay países que cambian de actitud, por ejemplo, Mozambique despenalizó recientemente las relaciones homosexuales... ¡Bien, bravo! Refrescos y galletas para todos. Sin embargo, en diciembre de 2013, India dio un paso atrás y volvió a penalizarlas. VOSOTROS, AGUAFIESTAS, OS QUEDÁIS SIN NADA PARA PICAR.

Pero —y es un pero importante— el hecho de que algunos países hayan legalizado las relaciones homosexuales no significa que sea fácil bailar la danza del sexo sin consecuencias. En muchos sitios, como en Indonesia, sigue siendo difícil salir del armario y mantenerse fuera, por muy legales que sean allí las relaciones homosexuales.

Más aún, en la gran mayoría de países donde es «legal» sigue vigente esa detestable legislación homofóbica que prohíbe los matrimonios y uniones civiles homosexuales y que prohíbe también las adopciones... Muchos no ofrecen la protección más elemental, más allá de «Ya es legal, ¿qué más quieres?» Está claro que eso no es suficiente, y los activistas aún tienen un largo camino que recorrer.

Es fácil vivir pensando que los lugares donde la homosexualidad está prohibida están muy lejos. Que están demasiado lejos para preocuparse. Bueno, ¿qué os parece Rusia, dónde los grupos LGBT* son perseguidos a pesar de su condición legal? ¿Y Grecia, donde se obliga a los hombres gais y a las prostitutas a someterse a la prueba del sida contra su voluntad? Estos países son europeos. El asunto da miedo, mucho miedo.

# LA HISTORIA DE BRYAN

«Bryan», de 21 años, vive en Singapur.

«La situación en Singapur es muy extraña. Aunque los homosexuales son cada vez más visibles, no tenemos derechos legales. Contamos con una organización, Pink Dot SG, que se parece a la Federación Estatal de LGBT* española, y tenemos las "Art Venues", que son lugares donde se reúnen los gais. Nunca he sabido de nadie que haya sido detenido, pero es ilegal que dos hombres mantengan relaciones sexuales. Personalmente, no lo entiendo. Singapur es un lugar hermoso y tolerante, así que no es fácil entender por qué no hay leyes que nos protejan.»

# TRANSGÉNERO — SITUACIÓN GLOBAL

En la siguiente tabla aparecen países con leyes y normas que protegen a los transgéneros.

| PAÍSES QUE PERMITEN ADOPTAR UN GÉNERO DIFERENTE (EN MUCHOS CASOS CON LA CIRUGÍA CORRESPONDIENTE) |
| --- |
| Alemania, Argentina, Australia, Azerbaiyán, Bélgica, Bolivia, Brasil, Canadá, Chequia, Chile, China, Colombia, Corea del Sur, Croacia, Cuba, Ecuador, Eslovenia, España, Finlandia, Francia, Georgia, Grecia, Guam, Holanda, Islandia, Israel, Italia, Japón, Letonia, Malta, México, Moldavia, Montenegro, Nepal («tercer género»), Noruega, Nueva Zelanda, Panamá, Pakistán («tercer género»), Perú, Polonia, Portugal, Puerto Rico, Reino Unido, Rumanía, Rusia, Sudáfrica, Suecia, Suiza, Taiwán, Turquía, Ucrania, Uruguay y la mayor parte de Estados Unidos. |

La situación de los trans no está nada clara en el mundo. Algunos países no tienen leyes concretas sobre esta cuestión, lo que a grandes rasgos se traduce en una falta de protección para estas personas. Todos los países mencionados arriba tienen leyes que protegen. Sin embargo, al igual que ocurre con los derechos de los LGB*, hay muchos países de la lista que PARECEN aceptarlos, pero, a la hora de la verdad, las cosas pueden ser muy diferentes. Por ejemplo, muchos de estos países insisten en la esterilización antes de conceder una nueva identidad de género. Recordad: ya os advertí que esta sección no era precisamente para tirar cohetes.

# ¿QUÉ PUEDES HACER PARA AYUDAR?

Personalmente, no creo que sea suficiente con enfadarse por el trato que reciben los LGBT* en el mundo. Tenemos que poner nuestro granito de arena, ¿vale? Por ejemplo, en la lista de países donde la homosexualidad es ilegal he puesto en negrita los lugares donde el turismo es una pieza fundamental de la economía.

- PRIMER PASO: NO VAYAS. En serio, fastidia a los países donde más les duele: los dólares de los turistas. Por un lado, no podrás ligar mientras estés allí, y por otro (y esto es más serio), ¿qué pasaría si tuvieras que acudir a la policía o al hospital en un país en el que no se reconocen legalmente tus derechos?

Creo que muchísimas personas LGBT* piensan que los países donde el turismo tiene un gran peso económico deberían recibir a los gais con los brazos abiertos. Pues no es así. En vez de ir a Jamaica o a Barbados, id a Gran Caimán. ¿Veis? Es así de fácil. Hay que hacer los deberes.

- SEGUNDO PASO: APOYAD A LAS ORGANIZACIONES BENÉFICAS: podemos contribuir a la causa apoyando a grupos que luchen por nosotros.

**Amnistía Internacional:** presiona a los gobiernos e instituciones para que cumplan con su obligación de proteger a los LGBT* de los malos tratos. La organización lleva a cabo campañas para proteger a los defensores de los derechos humanos que corren grandes riesgos por hablar en contra de los malos tratos infligidos a causa de la orientación sexual o de género de las personas.

**The Kaleidoscope Trust (Fundación Caleidoscopio):** presiona al gobierno británico, a la Commonwealth, a la Unión Europea y a otras entidades para que utilicen su poder y su influencia con el fin de defender los derechos de los LGBT*. La fundación trabaja con parlamentarios, ministros gubernamentales, funcionarios y mandatarios políticos para que se produzca un cambio auténtico en la vida de las comunidades de LGBT* de todo el mundo.

**ILGA (Organización Internacional de Gais y Lesbianas):** el objetivo de ILGA es trabajar por la igualdad de lesbianas, gais, bisexuales, transexuales e intersexuales y por su liberación de toda forma de discriminación. La entidad trata de alcanzar este objetivo mediante la cooperación del mundo entero y el apoyo mutuo de sus miembros.

Estos grupos viven de los donativos. Esto significa que tienes que rascarte el bolsillo y dar todo el dinero que puedas.

# LOS GAIS CONTRA LA RELIGIÓN

¿Recuerdas que he dicho que no está bien que la gente diga que TODOS los gais son así o que TODAS las lesbianas son asá? Bueno, pues lo mismo pasa cuando afirmamos que TODOS los cristianos piensan así o que TODOS los musulmanes piensan asá. Antes de entrar en el tema de qué piensa de la homosexualidad cada religión, es importante dejar claro que todos los creyentes son individuos y, en consecuencia, son muy capaces de tener sus propias opiniones, al margen de sus libros sagrados.

Para ser sincero, lo más seguro es que a la mayoría de los creyentes les importe un bledo con quién te acuestas; es más probable que estén más preocupados por la factura del gas o por si se han dejado enchufado el alisador del pelo.

Sin embargo, aunque casi todas las personas religiosas son más bien progresistas, hay individuos y regímenes que se empeñan en aferrarse, en nombre del odio, a un trozo de papel de muchos miles de años de antigüedad. Si miras la lista de países donde la homosexualidad es ilegal, verás que tienden a ser aquellos en los que el sistema legal está ligado a un régimen religioso (no es por meternos con nadie, pero son... en fin, ya sabéis, como Arabia Saudí).

Antes de romper en pedazos unos anticuados preceptos religiosos, **tengo confianza en que la inmensa mayoría de creyentes utilice (sea como sea) las enseñanzas de Dios para encontrar tolerancia y amor para toda la humanidad, y humanidad significa el conjunto de TODOS los seres humanos.**

La mayoría de los creyentes ve sus libros sagrados como una guía general para la vida, una guía moral, si se prefiere. El problema surge cuando una minoría toma al pie de la letra lo que hay escrito… y, para empeorar las cosas, posiblemente se haya interpretado mal el significado de algunas de esas palabras. Los relatos y poemas sagrados fueron escritos por humanos hace cientos de años y puede haber errores o añadidos en las traducciones. Es como jugar al juego de los disparates (o del teléfono) durante siglos: es inevitable que algunas cosas se pierden por el camino.

Personalmente, lo más cercano a un profeta que tengo es Madonna. ¿Qué pasaría si me tomara al pie de la letra sus canciones?

Fijaos en la letra de «Express Yourself» y en la de «Material Girl»: como poco, contradictorias. ¡Seguro que estáis de acuerdo conmigo!

Echemos un vistazo a las principales religiones del mundo y examinemos su visión tradicional de la homosexualidad y después la del transgénero.

### 1. Hinduismo y budismo

Vamos a empezar por lo positivo. El hinduismo y el budismo no tienen ningún problema con la homosexualidad y el transgénero. El arte hindú muestra varias figuras realizando actos homosexuales, mientras que el objetivo final del budismo es ser uno con el mundo, lo cual, en este caso, nos incluye.

¡Hurra por el hinduismo y el budismo!

### 2. Cristianismo

Como sabéis, hay varias ramas del cristianismo y cada una tiene un punto de vista diferente sobre la homosexualidad. He aquí un resumen muy esquemático:

- **Iglesia de Inglaterra (anglicanismo):** progresista pero resistente. El matrimonio homosexual está bien para los tipos normales, pero no para los sacerdotes.

- **Iglesia católica:** la homosexualidad se considera un pecado.

- **Iglesia metodista:** relativamente avanzada.

- **Cuáqueros:** superguays. Hace años que lo son.

- **Baptistas:** me temo que tienen problemas graves con los gais.

¿Y cuál es el gran problema? Que todo es una cuestión de TRADUCCIÓN y LENGUAJE. Hay muchísimas traducciones de la Biblia (el libro sagrado de los judíos y los cristianos) y todas son ligeramente distintas. Una palabra perdida aquí o allá desprestigia la homosexualidad. El problema procede de dos puntos clave de la Biblia. Las citas siguientes son de la traducción de Casiodoro de Reina y Cipriano de Valera (Y lo he escrito en una fuente siniestra):

*«[LOS HOMBRES DE SODOMA] LLAMARON A LOT Y LE DIJERON: "¿DÓNDE ESTÁN LOS VARONES QUE VINIERON A TI ESTA NOCHE? TRÁELOS PARA QUE LOS CONOZCAMOS".»*
Génesis 19,5. (Dicen que «conocer» significa aquí «follar».)

*«COMO SODOMA Y GOMORRA, Y LAS CIUDADES VECINAS, A SEMEJANZA DE AQUELLAS HABÍAN FORNICADO Y HABÍAN SEGUIDO LA CARNE EXTRAÑA, FUERON PUESTAS POR EJEMPLO, SUFRIENDO EL JUICIO DEL CASTIGO ETERNO.»*
Judas 1,7. (Dicen que «seguir la carne extraña» significa «practicar la homosexualidad».)

Entonces ¿qué está pasando aquí? En pocas palabras, las ciudades de Sodoma y Gomorra estaban en el valle del Jordán hasta que Dios decidió arrasarlas con el fuego celestial. Suena como un episodio alucinante de *Buffy Cazavampiros* hasta que te das cuenta de que la gente utiliza esta historia para perseguir a otra gente.

Según algunas lecturas del texto hebreo (versiones de esta historia aparecen en la Torá, la Biblia y el Corán), se cree que la conducta que tanto ofendía a Dios fue la homosexualidad.

Esto está ABIERTO a toda clase de interpretaciones, como pronto veremos.

Más advertencias acojonantes procedentes de la Biblia:

*«NO YACERÁS CON HOMBRE COMO CON MUJER; ES ABOMINACIÓN.»* (Levítico 18,22).

*«SI ALGUIEN SE ACOSTARA CON VARÓN COMO CON UNA MUJER, AMBOS HABRÍAN COMETIDO ABOMINACIÓN; AMBOS DEBERÁN MORIR Y SOBRE ELLOS PESARÁ LA SANGRE DERRAMADA.»* (Levítico 20,13).

Aquí se pasan, ¿no?

## COMO DISCUTIR CON UN CRISTIANO

Así que, si tienes la desgracia de tropezarte con un cristiano homófobo que se toma las cosas al pie de la letra, ¿qué harás para defenderte? Saber es poder, amigo mío.

## ¡SI TE SALEN CON QUE «ESTÁ ESCRITO EN LA BIBLIA»!

Hablemos de traducciones. La Biblia ha sido traducida e interpretada muchísimas veces. No podemos estar completamente seguros de lo que decía la versión original, así que es absurdo entenderla literalmente. Esto pasa también con todo texto traducido o interpretado. Incluso las versiones modernas de la Biblia difieren entre sí, de modo que, ¿cómo puede tomarse al pie de la letra?

Hay que tener en cuenta que el texto fue escrito hace miles de años, y los tiempos han cambiado. Los mensajes todavía pueden aplicarse hasta cierto punto, pero tenemos que adaptarlos a la vida moderna. También hay que señalar que TODAS las citas mencionadas más arriba están fuera de contexto y, al fin y al cabo, se trata de historias y anécdotas, no de leyes (incluso san Pablo lo entendió así).

Los contextos cambian. La Biblia habla repetidamente de perseguir a los recaudadores de impuestos... que en aquella época eran corruptos. Pero seguro que no has oído hablar de cristianos que vayan persiguiendo con antorchas encendidas a los empleados de Hacienda, ¿a que no?

Además, oh amantes de las mujeres, como todo el problema viene de la «sodomía», ¡las lesbianas se libran del pecado! ¡Hurra!

Por último, en el Nuevo Testamento, que se basa en las enseñanzas de Jesús, éste no dice nada concreto sobre el tema. Por lo que sabemos, Jesús no predicó otra cosa que amor y tolerancia. Personalmente, creo que Jesús, si viviera en la actualidad, estaría en todas las manifestaciones del Orgullo Gay.

## COMO DISCUTIR SOBRE EL ASUNTO DE SODOMA Y GOMORRA

En primer lugar, la expresión «conocer» (del hebreo) muy pocas veces significa «follar». En este caso es más probable que signifique «interrogar». En segundo lugar, se cree que «carne extraña» se refiere a la de los ángeles o posiblemente a la zoofilia. En cualquier caso, muchos estudiosos de la Biblia están de acuerdo en que las ciudades fueron destruidas sobre todo por su codicia y por su naturaleza poco caritativa. No hay ninguna referencia EXPLÍCITA a la homosexualidad.

## COMO DISCUTIR SOBRE EL ASUNTO DEL LEVÍTICO

Vale, reconozco que este pasaje dice las cosas más claramente, pero OJO (y no me refiero a ese OJO, je, je): el Levítico pretende ser una lista de instrucciones de Moisés a los levitas y, sí, una de las normas era la ya mencionada. Pero por suerte para nosotros, el resto de la lista es UNA PASADA. Así que cualquiera que te arroje a la cara un pasaje del Levítico debería estar dispuesto también a:

Vender a su hija como esclava.

No tener contacto físico con una mujer que tenga la regla.

Quemar toros.

No comer marisco (otra abominación, así que CUIDADO CON LAS GAMBAS).

No cortarse nunca el pelo de la cabeza. Prohibido.

Así que, como podéis ver, tendríais que ser unos hipócritas redomados para utilizar este libro como argumento contra la homosexualidad.

# AHORA UN GOLPE DE EFECTO QUE TAL VEZ NO HAYAS VISTO VENIR

Hay indicios más que convincentes de amor homosexual en la Biblia casi tres mil años antes de la serie de televisión *Queer as Folk*. Así es. En el segundo libro de Samuel, los superamigos David y Jonatán debían ser algo más que amigos. Mira, mira:

*«ANGUSTIA TENGO POR TI, JONATÁN, HERMANO MÍO, QUE ME FUISTE MUY DULCE. MÁS MARAVILLOSO ME FUE TU AMOR QUE EL AMOR DE LAS MUJERES.»* 2 Samuel 1,26. (¡Toooma!)

También las chicas se subían al tren del tórrido amor bíblico. La historia de Ruth y Noemí parece un episodio de *Mujeres desesperadas* a lo loco (hay mucho intercambio de marido), pero algunos estudiosos leen su aventura como un caso de amor homosexual.

Por último, hay varias partes de la Biblia que se han perdido muy oportunamente (como el Evangelio de María), así que, como siempre, no debemos confiar ciegamente en unas fuentes de información tan antiguas.

### 3. Islam

Como ocurre en la Biblia judeocristiana, en el Corán no hay gran cosa que prohíba explícitamente la conducta homosexual, aunque también habla de los habitantes de Sodoma y Gomorra, esta vez poniendo el acento en la violación y no en la homosexualidad. Bueno, ya sabemos cómo responder a esta historia, ¿verdad?

El mayor problema viene de los hadices, o sea, las enseñanzas de Mahoma. Son… en fin… menos ambiguas.

> «*DONDEQUIERA QUE VEAS COMETER EL PECADO DEL*
> *PUEBLO DE LUT [LOT], MÁTALOS A AMBOS, AL QUE LO*
> *COMETE Y AL QUE LE ES COMETIDO.*»
> *(Sunan al-Tirmidhi.)*

Bueno, al menos no hace distinciones entre el activo y el pasivo.

# CÓMO DISCUTIR CON MUSULMANES

La buena noticia es que el Corán está de tu parte. En NINGÚN SITIO habla Alá de castigar la conducta homosexual. Más aún, el Corán promueve activamente la diversidad, ya que Alá también la creó:

> «*¡HOMBRES! OS HEMOS CREADO DE UN VARÓN Y DE UNA*
> *HEMBRA Y HEMOS HECHO DE VOSOTROS PUEBLOS Y*
> *TRIBUS, PARA QUE OS CONOZCÁIS UNOS A OTROS. PARA*
> *DIOS, EL MÁS NOBLE DE ENTRE VOSOTROS ES EL QUE MÁS*
> *LE TEME. DIOS ES OMNISCIENTE CONOCEDOR, ESTÁ BIEN*
> *INFORMADO.*»
> *Corán*, sura 49, 13 [versión española de Julio Cortés].

En los hadices, como en el Levítico, hay varias normas que pocas personas seguirían en la actualidad. La seducción por parte de las mujeres está a la misma altura que los actos homosexuales, así que vendría a ser algo tan prohibido como beber vino. Estoy seguro de que no mataríamos a nadie por cosas así. Además, la *sharia* o ley islámica no contempla ningún castigo específico para la conducta homosexual. Recomienda que la pena de muerte sea utilizada únicamente en casos de adulterio, apostasía y asesinato. La mayoría de los países musulmanes no pone en práctica estos castigos (pero cuidadito con los que sí los imponen).

### 4. Judaísmo

No es por ser gracioso, pero fueron ellos los que lo empezaron. Los pasajes de la Biblia que se refieren a la homosexualidad pertenecen a la Torá (el Pentateuco), así que viene a ser la misma historia: en general, los sentimientos negativos hacia la homosexualidad proceden del relato de Sodoma y Gomorra y del Levítico, que en hebreo se llama Vayikra.

Como en el cristianismo, hay muchas ramas de la fe judía, y la rama ortodoxa tiende a ser la más... bueno, la más ortodoxa. Una de las formas más populares de judaísmo, el judaísmo reformado, es más moderna y no prohíbe que las parejas gais, lesbianas o bisexuales entren en su fe. Así que vamos a enviarles todos una galletita.

\*\*\*

# LA HISTORIA DE LUKE

Parece ser que cuando tenía 4 o 5 años hubo un día en que volví de la escuela llorando a moco tendido. Alguien me había dicho que Dios no existía. De niño, yo también era conocido por mis interpretaciones de las películas de Disney y por cantar la «Shoop Shoop Song» de Cher a todo aquel que se sentara cerca mientras pudiera soportarlo. Este comportamiento había hecho que mis padres creyeran que iba a ser clérigo o actor (no estoy seguro de por qué actor y no *drag queen*, ya que me contaron que bordaba el papel de Cenicienta). Bueno, al final ni soy clérigo ni actor (ni *drag queen*, aunque tengo piernas para serlo), pero sigo teniendo la misma fe que hace veinte años.

Aunque no crecí en una familia tradicional católica, empezamos a asistir a la iglesia cuando nos mudamos a Sussex, poco antes de que cumpliera nueve años, y pronto se convirtió en una parte importante de mi vida y de mi desarrollo. Durante mi adolescencia pasaba gran parte de mi tiempo libre con los niños y jóvenes de la Iglesia Baptista local y tenía un grupo de amigos que también hacían lo mismo. La dolorosa ironía era que ellos solo conocían una parte de mí, por mucho tiempo que pasáramos juntos.

Crecer sabiendo desde temprana edad que eres gay (me cité con mi primer «novio» a los diez años), en un lugar donde te recuerdan muy a menudo que «los elegidos de Dios son el hombre y la mujer», puede ser algo muy dañino. Hace que mucha gente pierda su fe, que muchos se hagan daño a sí mismos y que otros se suiciden. Es una posición complicada en la que se siguen encontrando hoy en día incontables jóvenes y adultos, y la Iglesia tiene aún mucho trabajo que hacer para reparar sus errores.

Sin embargo, considero que me encuentro en una posición increíblemente privilegiada ahora que he superado esos lugares oscuros e impuestos. He llegado a tener mi propia fe, sin enseñanzas dogmáticas que me la prescriban. Mis estudios de teología me han ayudado en este viaje y me han permitido comprender que pertenezco a dos comunidades hermosas, carismáticas, alegres y vivas que, a pesar de sus diferencias, a menudo se enfrentan a la vida de la misma manera.

Ser cristiano y a la vez gay o ser un gay que también tiene fe es a veces un camino difícil de recorrer, ya que ninguna comunidad entiende cómo puedes pertenecer a las dos, pero a mí me parece que formar parte de ambas es una aventura increíblemente estimulante.

Como cristiano creo que Dios es amor y que, donde hay amor, está Dios. Una de las comunidades más amorosas que conozco es la de «los gais» y ahí es donde sé que se encuentra Dios.

Luke

# RELIGIÓN Y TRANSGÉNERO

Este tema plantea más problemas. Antes de comenzar, vale la pena decir que la reasignación de género, como decimos hoy, no era posible cuando se escribieron los textos sagrados. Por lo tanto, no existe precedente para esto. Sin embargo, sí hay unos cuantos pasajes sobre travestismo cuyo significado ha sido tergiversado para incluir todo trastorno de la identidad de género.

Paradójicamente, el islam adopta una postura muy relajada al respecto. En el Corán no hay nada específico y los hadices se refieren a él solo cuando el travestismo se vincula con la prostitución (lo que no es una opción laboral muy brillante, seamos sinceros, así que sus razones tenían). En algunos países, sin embargo, la cirugía reasignadora de género (a menudo de masculino a femenino) se contempla como una «curación» de la homosexualidad, que es un delito. Está claro que esto no es lo ideal.

El cristianismo y el judaísmo tienen enfoques más definidos y, en general, negativos sobre la reasignación de género. En el Deuteronomio, libro del Antiguo Testamento (y lo mismo en la Torá), aparece el siguiente pasaje:

*«NO VESTIRÁ LA MUJER HÁBITO DE HOMBRE, NI EL HOMBRE VESTIRÁ ROPA DE MUJER; PORQUE ABOMINACIÓN ES PARA YAVÉ, TU DIOS, CUALQUIERA DE ESTOS.»*
(Deuteronomio 22,5.)

También hay referencias a los eunucos (hombres a los que les han quitado los genitales), que tenían prohibida la entrada al templo.

En cuanto a los pasajes que se refieren a la homosexualidad, los trans pueden defenderse sin problemas cuando se utilice la Biblia o la Torá para atacarlos. En el caso del Deuteronomio, el texto parece referirse al travestismo, no a la dismorfia de género y, dada la época en que fue escrito, podría estar refiriéndose en realidad a prácticas de cultos paganos de fertilidad de la época. Además, los eunucos no eran castrados para cambiar de género: la mayoría eran

esclavos a los que les cortaban las partes en contra de su voluntad. Una vez más, vemos que muchas de las normas aplicables a las gentes de los tiempos de la Biblia ya no tienen ningún sentido.

Finalmente, en el Evangelio de Juan, el autor habla sobre el concepto inclusivo que tiene Jesucristo respecto a todos los nacidos con defectos, y creo que podemos sostener que haber nacido con el género indeseado es uno de esos defectos. Me encanta poder utilizar la Biblia para argumentar a nuestro favor.

Además, el concepto del tercer género surge de las enseñanzas y la filosofía hindú. Esta categoría abarca todos los géneros que existen además del binomio hombre y mujer, y a menudo está legalmente reconocido. En algunas culturas y rituales, se reverencia a los miembros del tercer género por tener casi poderes mágicos y se les considera afortunados. Así que, al fin y al cabo, no es tan malo, ¿verdad?

## NOTA FINAL:

Un buen amigo me dijo una vez: «NO PUEDES DISCUTIR CON LOCOS». Otro dijo: «QUIEN QUIERA ODIARTE...». Junta ambos destellos de sabiduría y te harás una buena idea de la situación en la que estamos. La gente que utiliza la religión para justificar su odio a los LGBT* seguirá haciéndolo por muchos argumentos en contra que les ofrezcas. Ya puedes hablar de lógica hasta ponerte morado porque algunos homófobos seguirán odiándote.

Si quisieras construir un argumento convincente sobre por qué comer empanada de carne es pecado, seguro que encontrarías textos religiosos para apoyar tu causa. Son lo bastante antiguos y ambiguos para condenar casi cualquier cosa.

Lo único que podemos hacer es convencernos de que estamos muy lejos de la abominación. Tanto si crees que Dios es el Creador como si no, todos hemos nacido de algo muy natural. Somos orgánicos al cien por cien. Como el zumo de naranja con pulpa.

# CAPÍTULO 7:

# SALIR
# DEL ARMARIO

Aguantar las reposiciones de *Bob Esponja* mientras repasas una lección; evitar la mirada de tiburón de tu cruel y caprichoso profesor de matemáticas; tratar de pensar en algo gracioso y divertido para decírselo a esa persona a la que te gustaría besar... Los años de escuela son muy difíciles. Y por si no lo fueran bastante, la edad más común de salida del armario de gais, lesbianas y bi es a los diecisiete años, cuando uno todavía está en el instituto. Otra cosa por la que preocuparse, y que no figura en el plan de estudios.

¿Cómo hacerlo? ¿Cuándo hacerlo? ¿A quién decírselo? ¿Decir algo, en definitiva? Salir del armario supone meterse en un campo de minas en potencia. Un paso en falso y tu pierna gay saltará en pedazos.

Bueno, ahora en serio. Para un/a joven LGBT* no hay NADA más aterrador que la idea de contar a tus seres queridos que te atraen personas de tu mismo sexo o que ya estás hasta las narices de pertenecer a un género que no te va. Este miedo es totalmente comprensible, pero hay distintas formas, todas tan dulces como un caramelo, de pasar de estar «encerrado en el armario» a sentirse «liberado y orgulloso».

# ¿EN QUÉ CONSISTE SALIR DEL ARMARIO?

Antes (y todavía hoy en algunos barrios pijos), daban fiestas a las niñas bien, conocidas como *debutantes*, que se vestían para la ocasión y desfilaban ante sus pretendientes en potencia. Estas fiestas recibían el nombre de «puestas de largo». Antes de la Primera Guerra Mundial se empleaba la expresión «entrar en sociedad»; de aquí tal vez lo de *salir* de un lugar cerrado para *entrar* en la sociedad que nos rodea.

La expresión española «salir del armario» (o «salir del clóset» en Latinoamérica) procede de la expresión estadounidense *coming out of the closet*, y se refiere al acto o proceso de revelar la identidad y los deseos que se mantenían ocultos hasta entonces. Cuando ya estás preparad@ para que el mundo conozca tu identidad, dejas de vivir «en secreto».

La palabra «identidad» es clave. «Salir del armario» no se refiere a la primera vez que intercambias saliva y otros fluidos corporales con alguien de tu mismo sexo, sino a la primera vez que adoptas públicamente una etiqueta. Es contárselo a los demás.

Como he dicho en varias ocasiones, las etiquetas no sirven para todo el mundo. Hay mucha gente que prefiere pasar buenos ratos con gente de su mismo sexo sin identificarse como gay o lesbiana, igual que un hombre gay puede tener relaciones sexuales con una mujer sin por eso tener que ser heterosexual. («¡Aleluya! ¡Este tío ha visto la luz por fin!» Puede, pero eso no es lo que suele pasar.) El proceso de determinar una identidad puede durar años. La buena noticia es que nadie tiene por qué llevar la misma etiqueta toda la vida. Hay muchas personas que cambian de identidad sexual a medida que van sintiéndose más a gusto consigo mismos y con su vida sexual.

Lo mismo sirve para las etiquetas de género. El género no tiene por qué ser concreto.

Basta con echar un vistazo a cualquier club *queer* para ver a jóvenes guap@s que experimentan con los roles tradicionales de género. Esto no tiene nada que ver con la sexualidad, como ya he dicho.

En realidad, «salir del armario» es la parte en que tú le cuentas a otras personas cuál es tu orientación sexual o de género; y esta orientación puede ser cualquier cosa.

## ¿Y POR QUÉ "SALIR"?

Quizá la verdadera pregunta sea: ¿se gana algo saliendo del armario? La respuesta es, casi con toda seguridad...

# ¡SÍ!

La gente habla alegremente de su religión, su estado civil, su origen étnico y su comida favorita, pero conversar sobre orientación sexual o de género sigue siendo un tabú. Quizá por una buena razón.

**Como ya hemos visto, hay ochenta países en los que hombres y mujeres pueden ser perseguidos por tener relaciones sexuales con alguien del mismo género. (CARA SUPERTRISTE.)**

Pero cuando se sale del armario en un lugar seguro, el hecho conlleva un montón de beneficios. A fin de cuentas, deseos, enamoramientos, citas y relaciones abarcan buena parte de la vida de una persona, y esconder algo tan vital a tus amigos y familiares es difícil y, además, te aísla de los demás. Puede que suene trillado, pero «ser uno mismo» es bueno para uno. ¡Compartir es vivir, sí!

«Para mí, el principal beneficio fue la sensación de alivio. Ya no tenía que ocultar adónde iba, por qué tenía las letras G-A-Y tatuadas en la muñeca ni soportar la incómoda sensación que tenía cuando me preguntaban por qué no tenía novio o qué clase de chicos me gustaban.»

Mica, 23 años, Londres.

La expresión más repetida en la encuesta fue «**quitarme un peso de encima**». Es un cliché, pero es muy cierto.

En un nivel más práctico, cuando un joven ha «salido del armario» como gay, lesbiana, bisexual o trans, es mucho más fácil encontrar gente que piense igual. Allsorts Youth Project, un grupo LGBT* para jóvenes de Brighton, se reúne una noche a la semana para que l@s jóvenes puedan relacionarse en un espacio seguro, sin necesidad de tener que ir a bares o clubes gais. (Más en el capítulo 8.)

Además, cuando una persona decide identificarse como gay, lesbiana, bisexual o trans, se sorprenderá de lo comprensivos que pueden ser la familia y las amistades. Muy a menudo, padres y amigos lo habían descubierto ya y «salir del armario» lleva a una relación más cercana y sincera con las personas que más queremos. Y quizá lo mejor de todo: dejarán de intentar liarte con personas del sexo que no te atrae.

Y finalmente, no subestimes la satisfacción personal y el orgullo que sentirás simplemente por ser tú mism@. Es liberador.

«Hay tantas [ventajas en salir del armario] que es difícil saber por cuál empezar. Lo principal es saber que te siguen queriendo, y que eres feliz y estás satisfecho por ser quien realmente eres. Yo estaba tan preocupado por cómo podría reaccionar mi familia ante mi sexualidad que me quedaba en vela por la noche. Ahora que sé lo bien que se lo tomaron, me gustaría haber hablado antes con ellos. Tardé unos meses en decidirme a ser sincero sobre mi sexualidad, pero, definitivamente, eso me acercó a mi familia. Me metí en algún lío por culpa del acoso en la escuela, porque fui el primer chico en «salir del armario». Cuando fui aceptado (a regañadientes) como parte de la escuela, creo que fue más fácil para otros sincerarse. Yo tuve mucha suerte por haber tenido buenos profesores, muchos amigos y mi familia, y todos me apoyaron.»

Mike, Reino Unido.

# ¿POR QUÉ QUEDARSE "DENTRO"?

Por supuesto, puede haber buenas razones para que determinadas personas prefieran no hablar de su identidad sexual o de género. Por una parte, a menudo parece que solo haya tres opciones: hetero, homo o bi. A veces no es tan sencillo, así que definirte puede llevarte más tiempo.

Por otra parte, hay comunidades y religiones que creen que la homosexualidad es mala. Eso no impide a nadie ser lesbiana, gay o bisexual, pero restringe sus posibilidades de «salir del armario», ya que sus padres y amigos podrían no comprenderlos.

La preocupación por lo que la familia y las amistades puedan pensar o hacer es el factor que mantiene a más gente en el armario, por no hablar del ambiente que la rodea. Recordad: todos los homos, bi y trans que han salido, han pasado por este mismo proceso y han sobrevivido al suplicio. La mayoría sigue teniendo la misma familia y las mismas amistades que tenía antes de salir.

# CUANDO LA COSA NO FUNCIONA

Que te rechacen, te señalen y te echen a la calle es sin duda lo peor que puede pasarte, pero también es algo que raramente ocurre. Puede que haya amig@s incapaces de aceptar tu nueva identidad y eso es triste, pero siempre puedes hacer otras amistades. Lo peor es el miedo a que tu familia, sobre todo tus padres, reaccionen mal. Al principio muchos lo hacen, no voy a mentir, pero con el tiempo, casi todos tienden un puente y lo cruzan.

Si la situación empeora (y no me canso de repetir lo raro que es) hasta el punto en que tienes que irte de casa, tienes apoyos fuera. Algunas personas viven con otros parientes o con amigos de la familia. Por otro lado, los servicios de alguna organización gay próxima podrán darte referencias de personas dispuestas a ayudarte.

«Todo comenzó cuando mi madre me vio en Facebook abrazando a un amigo. Ella es católica, muy católica, y durante meses me repitió: "Eres gay: te voy a echar a patadas". Al cabo de dos meses se me cruzaron los cables y le dije: "No soy gay. ¡No sé lo que soy!" Tenía catorce años. Dos días después me echó a la calle. Tuve que trabajar: hice de repartidor en un restaurante chino. Finalmente llegué a jefe de cocina y ahora tengo mi propia casa.»

Shane, 23 años, Shoreham-By-Sea, Reino Unido.

# "VOY A SALIR DEL ARMARIO. QUIERO QUE EL MUNDO LO SEPA."

¿Así que has decidido identificarte como LGBT*? Lo más difícil, admitirlo ante uno mismo, está hecho. Pero ¿cómo decírselo a los demás?

Yo decidí que era hora de salir uno seis meses después de saberlo (gracias a Dean Cain). Se lo conté a una buena amiga en quien confiaba y le dije que no lo pusiera en el tablón de anuncios del instituto. Ella se había portado muy bien conmigo, y me había dejado claro que no tenía ningún problema con los gais. Si eres un joven que se está haciendo la gran pregunta, harías bien en rodearte de gente maja, de mente abierta, ya que facilita la salida del armario, como me pasó a mí.

Decidí contárselo a ella, bueno, *decidir* no es la palabra exacta; más bien se me escapó un día que salí del instituto y llevé a casa una tarta de melaza. (He de decir que habíamos hecho la tarta en clase. No suelo llevar pasteles a cuestas para gustar a la gente.)

Como era de esperar, mi amiga se portó estupendamente, me tranquilizó y resultó que ella misma se identificó como *queer* en la misma conversación, así que me sentí mucho mejor. En la actualidad, sin embargo, soy incapaz de comer tarta de melaza sin sentir que mi mundo se hace añicos a mi alrededor, como pasó aquella noche después de haber salido del armario... porque la tarde había sido una maravilla, pero el gato ya no estaba encerrado y no podía volver a meterlo en el armario. Eso siempre da miedo.

Me acostumbré enseguida. Durante las semanas que siguieron hablaba CONSTANTEMENTE de chicos, para compensar el tiempo perdido, y a las pocas semanas estaba contándole tranquilamente a mi amiga y a otro par de amigos con qué chico del equipo de rugby me gustaría más darme el lote. Todo fue bien y no me he arrepentido nunca.

Ante mis padres lo reconocí mucho más tarde. Esperé a estar viviendo fuera de casa y a ser económicamente independiente. Juzga tú si fue por cobardía o sensatez. Al final, lo hice porque mi madre me lo preguntó directamente y le contesté con sinceridad. ¡Hice que mi madrastra se lo contara a mi padre!

La experiencia para cada persona LGBT* es diferente, pero aquí va una lista de lo que se debe y no se debe hacer para salir del armario:

# SÍ

Contárselo a alguien en quien confíes, a alguien con quien te sientas cómodo hablando y que creas que no se lo contará a nadie hasta que estés listo.

Tantear el terreno, para saber qué piensan tu familia y tus amistades de otras personas LGBT*, antes de hablarlo con ellos. Escuchas lo que dicen sobre otros gais para hacerte una idea de si es seguro contárselo.

Hablar con personas que hayan pasado por la misma experiencia, con otros LGBT*. ¡Fíjate en cómo han sobrevivido!

Elegir el momento, buscar un espacio tranquilo y seguro.

Celebrarlo. Una vez lo hayas hecho, puede parecer que has abierto la caja de Pandora, pero lo más difícil ha pasado.

Leer este libro. (¡Buuuuh!)

# NO

Dejar tu navegador de Internet lleno de, ejem, películas «especiales». Te sorprendería saber a cuánta gente pillan por esto.

Olvidar a los profesionales. Los profesores y los médicos están acostumbrados a escuchar exactamente esta clase de cosas y pueden darte buenos consejos. Puede que incluso te den un folleto con el arco iris.

Dramatizar. La boda de tu hermana no es el mejor momento para correr por la iglesia, ponerte delante de la novia y gritar «¡ME GUSTAN LAS POLLAS!»

Hacerlo por mail o con un mensaje de texto. La palabra escrita es fácil de malinterpretar. («¿De dónde dices que has salido, pequeño? ¿Estarás en casa a la hora de cenar?», etc.)

Salir porque otra persona, aunque sea tu pareja, diga que debes hacerlo. Tienes que salir cuando lo decidas tú.

Salir únicamente porque tienes pareja; piensa que los demás podrían creer que es una fase que te durará lo que dure la relación.

# NO SUFRAS POR MÍ

¡Todos los homosexuales, bi y trans que han salido del armario han pasado por esto antes!

«Se lo conté por primera vez a mi novio de entonces. Solo llevábamos saliendo un par de semanas y mientras estábamos acurrucados en la cama me dijo que le gustaba vestirse de mujer, así que me pareció justo contarle que yo era bi.»

Sarah, 35 años, Irlanda.

'«Se lo conté a mi amigo en la diminuta aula de música del instituto. Ahora me da risa pensar que la mayoría de la gente SALE del armario, mientras que yo salí DENTRO de una especie de armario. Al principio yo creía que era bisexual, aunque ahora, al pensar en aquel entonces, creo que me resultaba difícil entender la diferencia entre el cariño que sentía por mis amigas y la atracción sexual que sentía por otros chicos. Era como si una gran parte de la adolescencia consistiera en buscar la respuesta a estos enigmas.»

Rick, 29 años, Reino Unido.

«Yo salí del armario en una estancia en Francia. Mi amiga lesbiana me preguntó qué pensaba yo de su orientación sexual y le dije que me parecía bien. Me preguntó si yo era heterosexual y le contesté que no. Luego seguimos hablando de lo malo que era el tiempo en Francia cuando tenías que hacer carreras de obstáculos con todo lleno de barro.»

Nina, 16 años, Reino Unido.

«La primera vez que se lo conté a alguien fue en la residencia de la universidad. Habíamos salido una noche, poco antes de Navidad, y me aseguré de que estuvieran todos allí y se lo conté uno por uno. El primero era un muchacho con quien tenía una relación muy estrecha y después de aquello, reconozco que con un par de copas en el cuerpo, todo fue más fácil.»

Chris, Manchester.

«A quien se lo dije primero fue a una amiga del instituto. Yo tenía dieciséis años y estábamos en una fiesta. Fuimos a dar un largo paseo y sostuvimos una larga y profunda conversación. Ella me dijo que estaba enamorada de un amigo nuestro y yo le conté que me gustaba mucho el profesor de arte.»

L., 28 años, Brighton.

Desde luego, no siempre es tan fácil. Salir del armario puede ser muy duro:

«Estaba con mi novia de entonces, con la que llevaba tres años saliendo, y le hablé de lo que pensaba y sentía acerca de mi deseo de ser mujer, de cómo me veía a mí mismo como mujer y de mis experiencias en los últimos años. Rompió conmigo en aquel momento y lugar, y se negó a hablar del tema.»

Laura, 21 años, Reino Unido.

«La primera persona a quien se lo dije fue a una amiga que me parecía que estaba enamorada de mí. Estaba casada y había dejado claro que estaba dispuesta a abandonar a su marido por mí. Me pareció que tenía que explicarle por qué eso no iba a ocurrir nunca.»

BFI, 43 años, Minnesota, EE.UU.

«Mi madrastra descubrió en Internet unas fotos que yo había preparado en la universidad… ¡Ahí empezó todo!»

Dani, 29 años, Newcastle upon Tyne, Reino Unido.

# UN GUIÓN ÚTIL

Los amigos son las personas más adecuadas para salir del armario, porque se supone que tienes colegas que no son unos cretinos totales. Algunos LGBT* tienen parejas heterosexuales o cisgénero cuando se dan cuenta, y puede ser muy difícil decirles que no estás sexualmente interesad@ por ellos.

Pero lo que más preocupa a muchos LGBT* es contárselo a sus padres. Nos da pánico. ¿Por qué? Bueno, ellos nos han conocido desde niños, y salir del armario (como homos o bi) es básicamente desvelar ante sus ojos nuestros deseos sexuales más íntimos.

**Algo que a NADIE se le ocurrirá decir:** «¡Oye mamá, nunca imaginarás lo mucho que me gusta poner el culo!» ¿Entiendes lo que te quiero decir?

En el caso de los trans, algunos padres lo viven como si fuera una especie de bofetón en la cara. Como si ellos te hubieran CONCEDIDO el sexo anatómico y te hubieran EDUCADO acorde con él. Como en el caso de la sexualidad, sin embargo, pocas veces les pilla por sorpresa y muchos padres pueden ser un gran apoyo para los niños transgénero, incluso para los muy jóvenes. Hay grupos de apoyo, como la asociación Chrysallis de familias de menores trans.

Salir del armario es algo tan personal como tu identidad. Lo que sigue es solo una guía, una aproximación general para que la adaptes a tus circunstancias.

### 1. Elige tu momento

Puede ser espontáneo o puedes planear un momento concreto (aunque los preparativos serán una TORTURA). Parece ser que hay muchos LGBT* que aprovechan la televisión para lanzarse. Por ejemplo, decirlo cuando se mencionan los derechos de los gais en las noticias o cuando aparecen parejas homosexuales en series (algo que hoy es frecuente). Sea cual sea el momento elegido, creo que una conversación cara a cara con otra persona es siempre preferible.

### 2. Elige el lugar

Recuerda que es posible que tus seres queridos necesiten algo de tiempo para asimilarlo, así que yo no recomendaría el probador de una tienda. Nueve de cada diez veces, el mejor sitio es tu casa, o al menos un establecimiento donde sirvan té o café. Las infusiones lo arreglan todo, recuérdalo. (Si necesitas algún sitio donde quedarte si necesitan tiempo para reflexionar, ¿qué tal la casa de un colega?)

### 3. ¿Es seguro?

Tu seguridad es más importante que ninguna otra cosa en el mundo. ¿Vives en Arabia Saudí o en uno de los ochenta países (ver capítulo 6) en los que podrían encarcelarte o lapidarte? Ten a punto el pasaporte.

Bromas aparte, si tus padres han expresado sentimientos homófobos en el pasado, sería prudente tener un plan B por si reaccionaran mal. Mucha gente prefiere esperar a tener cierto grado de independencia antes de dar este paso. Ponte en contacto con grupos de gais jóvenes y asegúrate de tener apoyo por si las cosas van mal.

Bien, ahora que ya lo hemos dejado claro, aquí tienes algunas formas de empezar la confesión:

«Me gustaría mucho hablar con vosotros de una cosa...»

Tras decir esto, es posible que tus padres digan: «¿Es que eres gay?» MUY A MENUDO los padres ya se lo imaginaban. Así fue como mi madre me sacó del armario.

Pero si no se lo imaginaban...

«Desde hace algún tiempo me he sentido atraído por hombres/ mujeres/hombres y mujeres a la vez» o «Me siento más como un chico que como una chica» (o viceversa).

Luego...

«No ha cambiado nada. Sigo siendo la misma persona que conocéis, pero detestaba mantenerlo en secreto ante vosotros.»

Ahora debes darles la oportunidad de responder. Podrías recibir una agradable sorpresa.

«A los veinte años les dije a mis padres que era bisexual. Ellos eran conservadores y religiosos, pero me dijeron que me querían igual. Al cumplir los veintidós les dije que en realidad era gay y esta vez ni se inmutaron.»

Stephen, 22 años, Johannesburgo, Sudáfrica.

«Se lo conté a los dos, aunque por separado, ya que están divorciados, y las dos veces estábamos cenando en un pub. Aunque al principio se quedaron un poco desconcertados, al cabo de un rato, supongo que después de haberlo pensado un poco, se dieron cuenta de que eso explicaba gran parte de mi conducta y de mi aspecto. Ahora no les importa en absoluto y están contentos porque yo también lo estoy.»

Jools, 38 años, Madrid.

Pero ¿y si no están contentos? Algunas objeciones posibles:

| POSIBLE OBJECIÓN | RESPUESTA |
|---|---|
| ¿Estás seguro? | Sí, lo estoy. Hace mucho tiempo que me siento así. Lo que pasa es que ahora me siento cómodo hablando del asunto con vosotros. |
| ¿Es una etapa? | No (véase más arriba). |
| ¡Tú no eres gay! (o lesbiana, bi, trans, etc.) | Lo soy. Ya sé que os puede escandalizar, pero siempre lo he sido. Lo que pasa es que me ha llevado todo este tiempo descubrirlo. |
| ¿Podrías intentar no serlo...? | No. Lo he pensado mucho. Os lo estoy contando porque necesito ser sincero sobre quién soy. |
| ¡No me lo creo! | He tenido mucho tiempo para meditarlo. Sé que necesitaréis algún tiempo para asimilar lo que os estoy contando. |
| ¡No se lo digas a nadie más! | Eso no lo puedo prometer. Os puedo dar un tiempo para que meditéis lo que os he contado, pero tengo que ser sincero sobre quién soy. |

Sé fuerte y escucha la canción de Lady Gaga «Born this way».
¡O simplemente regálales este libro y enséñales este capítulo!

Después de habérselo contado, dales espacio. No conseguirás
que a nadie le parezca bien a base de darle la matraca.
Seguramente lo sabes desde hace mucho más tiempo que ellos.
Y también intenta recordar que la razón por la que muchos
padres se alborotan al saberlo es porque están
PREOCUPADOS por ti, porque TE QUIERES. Recuerda lo
que dije sobre que salir del armario es aceptar un lugar en una
minoría perseguida. El fondo de la cuestión es que
identificarte como LGBT* va a hacer que tu vida sea un poco
más difícil, y ningún padre quiere eso para sus hijos.

Acepta tú también que ellos necesitan tiempo para aceptar tu
nueva identidad. Puede que tarden minutos, días, meses,
incluso años. Ya lo harán a su debido tiempo. Se arriesgan a
perder algo realmente valioso si no lo hacen: a TI. Recuerda:
hay grupos organizados para personas LGBT*. Si las cosas
salen mal, tienes ayuda fuera.

«Me prometí a mí mismo que se lo contaría a mis
padres cuando tuviera novio (pensaba que tener una
relación con alguien y esconderlo era la mayor
cagada del mundo), y eso hice. Salí del armario en las
vacaciones de Semana Santa, justo después de que un
chico me pidiera una cita. Mis padres se quedaron
atónitos y conmocionados, ya que nunca habían
sospechado nada, y fue extraño hablar con ellos de
mis sentimientos homosexuales, pero a lo largo del
pasado año hemos acabado por sentirnos todos más
cómodos con el tema.»

R., 17 años, Londres.

Si estás listo para salir del armario, ¡felicidades! Ya has conseguido el carné de miembro del club, te has unido a muchísimas personas que te han precedido, eres parte de algo, estás en la cultura *queer*... o en otra. Lo más importante es que ahora eres libre de ser tú mism@. Y de gritarlo a los cuatro vientos desde las azoteas. O no: tú decides.

# DECLARARTE TRANS

Contar que eres LGB* es relativamente fácil comparado con ser trans. Una vez que lo has reconocido, es probable que la vida siga su curso normal. ¿CÓMO ES ESO? ¿NO HAY UN DESFILE POR LA CALLE MAYOR? No, me temo que no.

Convertirse en trans requiere trabajo. Las situaciones varían muchísimo. Algunos jóvenes trans han estado vistiendo ropa tradicional del género opuesto* desde que eran niños muy pequeños. Otros lo han estado haciendo en secreto o se han vestido de *drag queen/king* en espectáculos.

* (A propósito de la ropa de género: ten en cuenta que la mayor parte de este rollo no sería necesario si la sociedad no tuviera unas ideas tan inamovibles sobre cómo debe vestirse un hombre y cómo una mujer.)

Cuando una persona reconoce que es trans, puede querer decir que a veces le gusta travestirse o que trata de identificarse las veinticuatro horas del día con el género que ha escogido. Como en el caso de la sexualidad, reconocerlo en voz alta es la parte más aterradora. Esta vez, sin embargo, la gente espera una transformación física posterior.

El proceso es único para cada individuo, pero hay un plan establecido para las personas que desean pasarse a otro género a tiempo completo. La primera puerta a la que llama la mayoría es la del médico. En España, para comenzar el tratamiento se necesita un informe de un profesional. A los menores de dieciocho años los envían al psicólogo, mientras que los adultos acuden a una clínica especializada en trastornos de la identidad de género o a un psiquiatra. Eso no quiere decir que ser trans sea una enfermedad mental, sino que para enfrentarse a un paso tan importante es necesario asegurarse de que es la elección indicada.

En España, existen nueve Unidades de Trastornos de Identidad de Género (UTIG), que son las encargadas de realizar los tratamientos y las operaciones genitales si la persona así lo desea. Una vez se ha seguido el protocolo establecido, es posible que empieces a seguir un tratamiento hormonal, que para los pacientes MTF (transición de género masculino a femenino) supone tomar estrógenos y para los FTM (transición de género femenino a masculino) testosterona. Los efectos son inmediatos y, en algunos casos, irreversibles.

**Es importante buscar ayuda médica y no administrarse las hormonas sin receta. Los resultados son mejores. Punto.**

Las hormonas pueden cambiar tu aspecto y tu voz, pero algunos trans optan por la cirugía. En España, la Seguridad Social no cubre las intervenciones de reasignación de sexo, excepto en las comunidades autónomas de Andalucía, Aragón, Cataluña, Extremadura y Madrid, aunque otras comunidades (como recientemente Asturias y Galicia) se han visto obligadas a pagarlas por sentencia del Tribunal Supremo. Para someterse a cirugía genital (hay que señalar que un gran porcentaje de transexuales FTM nunca se han hecho una faloplastia o implantación de pene) casi todos los cirujanos exigen que hayas estado viviendo durante unos dos años con el género que has elegido.

Evidentemente, la cirugía genital es dolorosa y el periodo de recuperación, muy largo, así que hay personas que prefieren ahorrárselo. Sin embargo hay otras que sienten la necesidad de una puesta a punto completa. Es un asunto de elección personal y de tener claro lo que tú prefieres.

Una cosa es segura: si tú o algún conocido tuyo reconoce ser trans, lo más importante es la nueva identidad. Elegir un nombre y asegurarse de que todos utilicen el pronombre correcto es tan importante como tu forma de vestir y tu aspecto.

Aunque con cierto retraso respecto a otros países europeos, España aprobó en 2007 la Ley de Identidad de Género española. Dicha ley permite que las personas transexuales puedan cambiar la referencia de nombre y sexo en el DNI sin necesidad de la operación genital ni un procedimiento judicial. Eso sí, es necesario que a la persona se le haya diagnosticado disforia de género y haber recibido tratamiento hormonal durante al menos dos años.

# LA HISTORIA DE IRENE

Irene, 33 años, es un transexual MTF de Nueva Jersey, EE.UU.

Después de tomarme un tiempo para asegurarme de que era lo que quería ser, opté por las hormonas, porque tenía muy claro que tomarlas era un paso médico muy importante que podía producir profundos cambios en el cuerpo y en la mente. Para algunas personas es aún más importante que los cambios que pueda comportar la cirugía plástica, pero yo no quería ir tan lejos.

Me han dado a entender que estoy en el carril lento de la autopista de los cambios. Llevo dieciocho meses con terapia de hormonas. Los dos primeros meses fueron muy emocionantes, y sigue siendo emocionante cada vez que noto un nuevo progreso. Durante un tiempo me medía los pechos con una cinta métrica, para convencerme de que estaban cambiando. No me daba ningún miedo. Siempre había sido mi deseo más profundo y la verdad es que es un proceso muy llevadero. No hay nada de lo que asustarse.

En cuanto a los cambios, lo primero que noté fue que se me desarrollaban los pezones, es decir, dejaron de estar arrugados como suelen estar los de los hombres. Luego, al cabo de unos tres meses, se me ensancharon las caderas, ¡de ochenta y dos centímetros a ciento uno! Durante aquel periodo yo seguía presentándome como hombre en el trabajo, así que para mí entrañaba cierta dificultad, ya que no podía vestirme con mis ropas de entonces y tenía que buscar pantalones masculinos de mi talla.

Y también debería decir algo sobre la eliminación del pelo de la cara. Las hormonas no hacen nada de eso (ni tampoco cambian la voz, algo que hay que hacer con la práctica y con entrenamiento especial), así que todos los fines de semana tenía sesión. Hay mucha polémica sobre si es mejor la depilación con láser o la eléctrica, por eso la comunidad no es buena consejera. Lo cierto es que el láser abarca más folículos por sesión, mientras que la depilación eléctrica es siempre igual, incluso cuando los folículos son más duros. Así que lo que la mayoría acaba haciendo son sesiones de láser para despejar la cara al principio y después depilación eléctrica para terminar el trabajo.

¡Pero nadie me dio este consejo! Así que fui directamente a la depilación eléctrica, al mismo tiempo que empezaba a tomar hormonas, porque no sabía que hubiera otra opción. Fue muy doloroso, aunque actualmente lo veo como algo bueno, ya que me dio una sensación concreta de progreso que entonces no me daban las hormonas. Además, como muchas mujeres trans (aunque apenas conocía ninguna en aquel entonces) lo habían sufrido en algún momento, también tenía la sensación de formar parte de algo, y eso era bueno.

Durante los primeros ocho meses aproximadamente el pecho no me creció en absoluto, lo justo para ver que pasaba algo ahí cuando me quitaba la camisa, aunque era bastante angustioso. Finalmente empezaron a crecer (hablé con mi médico para cambiar la dosis), aunque nunca tuve la «sensación dolorosa» de crecimiento que casi todo el mundo menciona. En la actualidad utilizo sostén de copa B, aunque la verdad es que no lo lleno.

No me parece que la terapia de hormonas ni la cirugía genital, que también me estoy planteando, sean tratamientos cosméticos. Es corregir un desajuste fundamental entre cuerpo y alma. Pero la compañía de seguros lo entenderá así en ambos casos (¿qué puede ser menos cosmético que un cambio completo de genitales?), así que tendré que pagarlo de mi bolsillo.

He hablado del tema con otras mujeres trans y la mayoría está de acuerdo en que mejora la capacidad de sentir emociones. Por mi experiencia, lo puedo confirmar sin ningún género de dudas. Es demasiado pronunciado para ser psicosomático. Francamente, no me gustaba la persona que era antes de comenzar con las hormonas, y no me gustaría volver a tener el corazón tan frío. También soy capaz de echarme a llorar cuando siento esa necesidad, lo que no había hecho antes. Las lágrimas son muy liberadoras.

Además del aumento de emociones, sentí una mejora del estado de ánimo casi inmediata. Había estado deprimida toda mi vida. Durante aproximadamente diez años antes del tratamiento hormonal, tuve tendencias suicidas, y lo intenté dos veces en serio, con la consiguiente hospitalización. Cuando empecé a sentir los estrógenos en la sangre, dejé de sentir esa espiral de ideas depresivas. Incluso mi psiquiatra vio una profunda diferencia y últimamente me ha quitado la mayor parte de la medicación psiquiátrica que me había recetado, porque ya no me hacían ninguna falta, y en eso estuvimos de acuerdo. Fue un giro completo, algo que los pacientes «con depresión normal» nunca experimentan. No hay duda de que los estrógenos me salvaron la vida.

Hay otros aspectos de la transición que ni siquiera se os ocurriría preguntar, así que no voy a entrar en todos y cada uno de ellos, pero sí nombraré algunos: está el aspecto social, contárselo a las amistades (y generalmente perder a muchas); contárselo a la familia; perder, si se tuvieran, al cónyuge y a los hijos. Está la cuestión de la ropa, presentarse como queremos ser en lo relativo al atuendo, el peinado, el maquillaje y todo eso. Está el aspecto legal, la lucha contra organismos administrativos y empresas que ni siquiera sabías que existían. En la actualidad no puedo abrir una cuenta de servicios Verizon de Internet en mi nuevo domicilio porque, con mi nuevo nombre legal, no tengo historial de créditos. Luego está el hecho de que, como mujer que juega a videojuegos, me enfrento a un alud de insultos y manifestaciones despectivas de los veintitantos varones que habitan en los mismos espacios virtuales que yo. Y luego, que en mi profesión, que es el desarrollo de *software*, al menos el noventa y cinco por ciento del personal es masculino.

No cambiaría ninguno de estos problemas por nada en el mundo. Me alegro muchísimo de tenerlos.

# CAPÍTULO 8:

# DÓNDE CONOCER GENTE COMO TÚ

¿Te gustan estas cosas?:

- Ir de la mano con otra persona.

- Besar.

- Coger los champiñones picantes de la pizza y dárselos a alguien.

- Practicar el sexo.

- Abrazar.

- Ver la tele acurrucado junto a alguien.

- La idea de hacer cualquiera de estas cosas.

Si has contestado que sí a alguna de las posibilidades descritas, entonces me temo que tarde o temprano tendrás que conocer a alguien. Te habrás dado cuenta de que ninguna de las actividades es de un solo jugador. Nadie se abraza a sí mismo a menos que lleve camisa de fuerza.

Como ya he dicho antes, la gente LGB* es minoría. La mayoría de las personas se define como heterosexual; por lo tanto, encontrar a alguien del mismo género que tú que quiera abrazarte y cogerte de la mano es un poquito más difícil.

**Que quede claro que ser trans no tiene nada que ver con la orientación sexual. Unos trans son gais y otros son heteros. En este capítulo también hablaremos de los problemas concretos de los trans para conocer a alguien.**

Es probable que no te CREAS esto, pero hace mucho, mucho tiempo los hombres gais llevaban pañuelos de colores colgando del bolsillo trasero para indicar que eran gais y la clase de relaciones sexuales que les gustaban. ¿Muy complicado?

Además, con pañuelos del arco iris colgándoles del culo seguro que parecían My Little Pony.

Por suerte, las personas LGB* han salido de la sombra. Los días de gais y bi escondidos en bares y clubes subterráneos sin distintivos han terminado (aunque esos clubes todavía existen y cumplen una función, como contaremos más abajo). Tenemos bares modernos y clubes de moda para mayores de dieciocho años, y páginas web, organizaciones, clubes, desfiles y mucho más; todo pensado para ayudarnos a conocer posibles parejas o amigos.

## EL ASPECTO DEL AMOR

Antiguos sabios homosexuales (mis amigos y yo) han planteado a menudo que hay un SEXTO SENTIDO SOBRENATURAL que permite a las personas con tendencias homosexuales notar cuándo hay alguien cerca con tus mismos gustos. Somos médiums del sexo, si lo prefieres: «En esta casa hay un gay... Sí... sí, siento su presencia más fuerte ahora... Definitivamente, hay un gay».

Este radar gay ha dado en llamarse **GAYDAR**.

La verdad es que los miembros de la comunidad LGB* no tienen poderes mágicos (o al menos eso es lo que queremos que piense el resto de la gente). Por el contrario, el *gaydar* es un talento desarrollado que ayuda a interpretar el lenguaje corporal.

Cómo sintonizar tu *gaydar*:

- Ves a alguien cuyo aspecto te gusta...

- El primer paso es TOMAR NOTA DE LOS ESTEREOTIPOS. Como hemos dicho, los estereotipos lo son por algo, y algunos hombres y mujeres tienen «aspecto gay», probablemente porque nosotros a veces queremos publicitarnos como parejas en potencia. Un tipo barbudo con correajes de cuero es probable que sea gay (o gladiador). Por desgracia, casi todos los LGB* son mucho más ambiguos, así que necesitamos más ayuda.

- Busca un CONTACTO VISUAL SOSTENIDO. Este es, con diferencia, el mejor *gaydar* de que dispones. Voy a ser supersincero: las mujeres (que me gustan cantidad, pero con las que no quiero tener relaciones sexuales) zumban a mi alrededor todo el día. Yo puedo fijarme en su bonito cabello o en cualquier otra cosa, pero no las miro a los ojos. Por norma, las personas se miran a los ojos cuando quieren enrollarse. Si ves que alguien te mira a los ojos durante más de un segundo, o te vuelve a mirar, es porque trata de llamar tu atención.

- EL AUMENTO DEL CONTACTO CORPORAL, como una mano en tu brazo o en tu hombro, es un signo que indica que alguien quiere algo de ti.

Muy a menudo, sin embargo, y dado que estamos en el siglo XXI, casi tod@s se limitan a presentarse diciendo que son gais. También lo puedes preguntar. ¿No es más fácil así?

Actualmente hay much@s jóvenes LGB* que han salido del armario en la escuela, el instituto y la universidad, y como todo se comenta, es posible que ya conozcas a much@s otr@s LGB*. Ser LGB* ya no es un gran secreto para mucha gente joven, por lo que no es necesario tener lugares especiales para conocerse.

Para otros, sin embargo, la adolescencia y la primera juventud pueden ser épocas de aislamiento, y tendrás que espabilar un poco más para encontrar gente como tú.

# ESPACIOS SEGUROS

Durante mucho tiempo, la homofobia y el miedo a la agresión verbal y física eran tan intensos que la gente LGBT* necesitaba lugares especiales para poder relacionarse sin miedo a la intimidación. Hasta cierto punto, la cosa sigue igual actualmente. Los LGBT* no somos animales de zoo y, por lo tanto, no nos gusta que se nos queden mirando. Es deprimente, pero cierto, que incluso algunas personas heterosexuales bienintencionadas consideren a los gais como una especie de bichos raros.

Este es el motivo de que sea preferible ir a sitios donde puedas conocer gente sin tener que molestarte en decir: «Perdona que te pregunte, colega, pero ¿eres... bueno, ejem... gay?» Ahorra muchas complicaciones.

Esto nos lleva al concepto de **ambiente gay**, un término pasado de moda que engloba a mujeres y hombres homosexuales y bi, y hasta cierto punto también a los trans.

Como dijimos, ser transgénero no tiene nada que ver con la orientación sexual, pero los travestis, los transexuales y las *drag queens* han huido de los mirones refugiándose a menudo en bares y clubes de gais y lesbianas: no son los lugares ideales, pero son más abiertos y comprensivos que, por ejemplo, el bar de la esquina.

Un problema clave del ambiente gay es que casi todos los bares y clubes son exclusivamente para mayores de dieciocho años... Pero pronto hablaremos de eso.

# LOCAS DEL AMBIENTE

Antes de fijarnos en la variedad del ambiente gay, es importante aclarar que no es para todos. Con esto no me refiero a los heterosexuales, sino a NOSOTROS. Hay muchas personas LGBT* que no acceden nunca a los «servicios gais».

«Yo nunca he tenido necesidad de meterme en ambientes gay porque durante toda mi vida adulta he tenido básicamente la misma pareja. Supongo que el ambiente gay podría haber tenido un impacto ligeramente negativo en mí. Yo veía gente travestida en los desfiles del orgullo gay, lesbianas marimachos con el pelo muy corto y hombres gais muy afeminados bailando, y pensaba: "Yo no soy así. No quiero cortarme el pelo al rape y pasarme las horas hablando de vibradores y contándole a todo el mundo mi vida sexual". Me hacía creer que nunca encajaría en ninguna parte.

»Fue un alivio descubrir que puedes salir con alguien del mismo sexo y seguir llevando la misma vida que llevabas antes, sin tener que convertirlo en la parte central de tu identidad.»

J., 28 años, Brighton, Reino Unido.

Muchos LGBT*, sobre todo los que viven en zonas rurales y ciudades pequeñas, no disponen de los mismos servicios que los que habitan en las grandes ciudades . No hay ninguna norma que diga que los adultos LGBT* tienen que ir a «clubes gais» o a «bares gais».

**ÉSTE ES OTRO ESTEREOTIPO.** ¡Mandémoslo al cuerno!

A los gais de los pueblos de los Pirineos seguramente les guste pasear por la montaña. A los gais que van a Tarifa puede que les guste el surf, y a los que van a los Alpes hacer muñecos de nieve.

Y otra cosa: los LGBT* de las grandes ciudades no siempre se mueven en ambientes gay. Es una elección y ya está.

Por alguna razón (probablemente homofobia interiorizada) nadie quiere admitir que es una «loca del ambiente», ni siquiera los que van a bares y clubs gais con regularidad. Es algo muy estúpido. **Vivamos como vivamos, los LGBT* no tenemos nada de lo que avergonzarnos.**

Pero no olvidemos las ventajas de tener estos lugares seguros:

«Uno de los motivos por los que yo, que era un crío de Paisley (Escocia), me mudé a Londres hace casi veinte años, fue porque prometía mucho "ambiente gay". Londres me sentó divinamente y me lo pasé en grande a los veinte y los treinta años. La ventaja consistía en tener acceso a muchos pubs y clubes en los que podías relajarte, ser tú mismo y, por supuesto, ¡conocer tíos guapos! Era la hostia poder pasear por el Soho de la mano con mi novio, en público y sin que se rieran de nosotros, nos insultaran o nos agredieran.»

Aidy, 46 años, Margate, Reino Unido.

«Formar parte del ambiente gay te permite conocer gente y hacer amistades que comparten en gran medida las mismas experiencias e intereses que tú. También es una buena forma de encontrar pareja y enamorarte. Si llegué a conocer y a salir con tantas chicas fue porque formaba parte activa del ambiente gay de mi zona. La desventaja es que el hecho de salir SOLO con gente gay puede limitar tu idea del mundo, y el ambiente puede volverse algo endogámico si tú y todas tus amistades estáis pescando en el mismo estanque.»

Taylor, 23 años, EE.UU.

También vale la pena añadir que el ambiente gay es probablemente más variado de lo que la gente cree. Hay tantos estereotipos sobre el ambiente gay como sobre las personas gais.

## CLUBES Y SOCIEDADES

Obviamente, tienes que tener más de dieciocho años para ir a un bar o a un club. Y como no a todos los LGBT* les gusta beber y organizar fiestas, hay una variedad infinita de clubes y sociedades que ofrecen otras opciones para que la gente salga y se conozca. Todos los lugares de «ambiente gay» son tanto para conocer gente que piensa como tú como para encontrar a alguien con quien enrollarte. Una búsqueda rápida en Google te dirá dónde hay grupos para hacer amistades gais, dónde dan cursos de cocina gay, dónde se celebran noches de solteros y dónde hay actividades divertidas para dar y tomar (¿he dicho DAR Y TOMAR?).

Erik, 34 años, Londres, es el presidente de los London Gay Symphonic Winds, una organización para músicos LGBT* y también heterosexuales:

«Fundados en 2005, los London Gay Symphonic Winds (LGSW), como muchos otros grupos gais y lésbicos, se crearon para dar a la gente la oportunidad de hacer algo que les gustara en un entorno amistoso y comprensivo, sin miedo a tropezar con los habituales prejuicios. Siempre hemos sido un grupo social además de musical y el objetivo es ser tan abiertos como sea posible sin que vaya en detrimento del nivel musical. Debido a nuestro maridaje excepcional de objetivos sociales y objetivos musicales, tenemos músicos de todas las edades, orientaciones sexuales y géneros. Los LGSW constituyen una manera estupenda de hacer amigos fuera de los habituales bares y clubes de ambiente gay.»

Para los jóvenes LGBT* hay grupos de apoyo especializados en los centros de jóvenes de toda Europa. Un ejemplo fabuloso es Allsorts Youth Project, con sede en Brighton, que da apoyo a jóvenes de la costa sur de Inglaterra. Si hablas con personal de tu escuela o instituto o miras en Internet, estoy casi seguro de que encontrarás un grupo similar cerca de donde vivas.

«Llegué [a Allsorts] para relacionarme con otras personas LGBT*. Allí hay ayuda y consejos si estás viviendo determinadas situaciones, como por ejemplo las relacionadas con salud mental o salud sexual, y es una atmósfera agradable y cordial.»

Lucy, 20 años, Brighton, Reino Unido.

«Yo fui principalmente para relacionarme y conocer gente nueva, y allí te prestan ayuda, y si, por ejemplo, te están acosando en el instituto por ser gay, tienen a gente que puede ayudarte.»

N., 17 años, Burgess Hill, Reino Unido.

«Me gusta ir a Allsorts porque, por ser trans, no encontraba mucho apoyo en ningún lado, y allí hay un grupo aparte para los trans. Es agradable tener un espacio seguro.»

Chezra, 19 años, Brighton, Reino Unido.

Además de ser un buen sitio para hacer amigos y pasar el rato con personas como tú, los grupos de jóvenes también te dan condones gratis, lubricante, anticonceptivos y consejos.

También merece la pena señalar que muchas universidades españolas tienen un grupo LGBT* en el campus, o que nace en él, como el caso de Sinver (Sin vergüenza), que engloba diversas universidades y que ofrece diversos servicios de atención y protección de los derechos de las personas LGBT*. Son una forma fantástica de conocer gente como tú y de independizarte de tu casa, si quieres seguir estudiando. Incluso todos los años se celebra la semana Sinver, donde la asociación realiza diversas actividades en diferentes universidades, para fomentar la visibilidad y la participación del colectivo.

En Gran Bretaña existe una manifestación del ORGULLO ESTUDIANTIL donde estudiantes LGBT* de todo el país se reúnen para celebrarlo, sentirse orgullosos y todo eso.

También hay reuniones de grupos de apoyo especializados para los trans y para quienes estén pensando en la transformación.

# BARES Y CLUBES NOCTURNOS

Si vives en España y tienes más de dieciocho años, eres muy afortunado, porque calculo que no tardarás más de una hora en llegar a tu bar o club gay, términos generales que también incluyen los «bares de chicas» para lesbianas. Algunos establecimientos son (o al menos algunas noches) para travestidos y transexuales.

Estos lugares no son para todos los gustos (y repito, son únicamente para mayores de dieciocho años), aunque las zonas de ambiente de Madrid y Barcelona son más variadas y ofrecen servicios muy heterogéneos, desde música...

«[El ambiente gay] es estupendo si te gustan las bebidas empalagosas y la música para quinceañeros.»

Stuart, 33 años, Brighton, Reino Unido.

Hasta clientela fija...

«En casi todos los ambientes hay un ejército de reinonas excesivas y amargadas.»

Dani, 29 años, Newcastle upon Tyne, Reino Unido.

PERO el papel del «bar gay» es histórico. Como dije antes, son espacios seguros para que la gente LGBT* pueda reunirse lejos de las burlas y los acosos.

La gente utiliza estos bares y clubes de muchas maneras:

- **Para pasar un buen rato.** Sea cual sea la música que te guste, seguro que hay un bar o club para ti en alguna parte. Puedes ir con tus amigos y bailar hasta desmelenarte.

- **Para hacer nuevos amigos.** En contra de la creencia popular, los gais y bi no siempre A) empiezan a darse el lote ni B) se sacan los ojos nada más verse. Está bien tener amigos que entiendan lo que es ser LGBT*, porque todos tenemos experiencias en común, como salir del armario o cachondearnos de la red social gay Grindr.

- **Contactos sexuales.** Los LGBT* no pueden adjudicarse el monopolio de esto último. TODO EL MUNDO va a los bares a ligar y quizá para algo más. Es la danza del apareamiento humano y la ejecutamos al son de David Guetta en sudorosos tugurios subterráneos.

Casi todas las ciudades grandes tienen por lo menos un bar o un club gay. Es el motivo de que muchos LGBT* de pueblo o de provincias se muden a lugares con ambiente. Pero nadie te obliga a hacerlo. Hay muchísimas formas de conocer gente si no te gustan los bares y clubes (o si eres demasiado joven para ir).

# CÓMO LIGAR

**1** Mira a la otra persona a los ojos. Si se mantiene el contacto visual, puedes dar por sentado que le interesas.

**2** Acércate. Comienza con un «Hola», o «¿Qué tal?», o «¿Cómo estás?». Si estás en el extranjero, tal vez tengas que revisar esta estrategia.

**3** Si su respuesta te gusta, pregunta si quiere tomar algo. (Si tú y la otra persona tenéis la edad reglamentaria y hay bebidas disponibles.)

**4** ¡Charla! ¡Felicita! ¡Baila! Cuando hagas cumplidos, hazlos sobre cosas que estén a la vista, cosas que haya elegido la otra persona, como por ejemplo su ropa.

**5** Si el momento es propicio, acércate un poco. Y si no es inoportuno, podrías probar a darle un beso también.

Por supuesto, no a todas las personas que te parezcan atractivas se lo vas a parecer tú. Es así de sencillo. Si no todas las personas te gustan, tampoco tú tienes que gustar necesariamente a todas las personas. Si te rechaza alguien que te gusta, no te lo tomes como algo personal, simplemente no eres su tipo y ese es problema suyo, no tuyo.

«Conocí a mi novio en un club nocturno de Clapham. Lo había visto antes por allí y habíamos empezado a sonreírnos y a saludarnos cuando nos veíamos. Una noche que lo vi solo, me acerqué para hablar con él. Nos besamos y toqueteamos un poco, pero los dos teníamos amigos allí, así que no llegamos más lejos. Me dio su teléfono y quedamos para salir a la semana siguiente.»

Jamie, 28 años, Londres.

**PREGUNTAS MÁS FRECUENTES:** ¿Por qué en el ambiente gay se mueve tanta droga? Este estereotipo es particularmente injusto, porque hay drogas en todos los clubes. Los bares y las drogas recreativas suelen ir de la mano, y te aseguro que pasa lo mismo en ambientes heteros. Lo más sorprendente es ver a tíos y tías cuarentones o cincuentones ponerse hasta arriba de fertilizante para plantas [mefedrona] todos los sábados. Quizá sea porque muchos gais no tienen niños en casa y pueden desmadrarse más. O porque estamos en contra del sistema establecido. O porque tenemos un terrible complejo de Peter Pan y necesitamos crecer.

Que sea algo corriente no significa que esté BIEN HECHO, ni que sea SENSATO o LEGAL. El uso de drogas no es nada de esto. Con las drogas, al igual que con el sexo, se trata siempre de una ELECCIÓN personal e intransferible. Nadie obliga a nadie a tomar drogas en el ambiente gay.

**Cuidado:** el consumo de drogas es peligroso en el mejor de los casos, mortal en el peor, y puedes acabar fichado por la policía o con antecedentes penales. El hospital St. Thomas de Londres cobra una tasa a algunos clubes gais debido a la elevada cantidad de individuos que tienen que sacar de la pista de baile en camilla. Esto no es sexy.

# AMIGOS COMUNES

Creo que, probablemente, esta sea una de las mejores maneras de encontrar una pareja adecuada. ¿Qué puede haber mejor que tener a tus amigos analizando a tus posibles parejas como si fueran los jueces de un *reality*? «No, tú no pasas a la siguiente ronda.» «¡Tú sí, tú has pasado a las CITAS EN DIRECTO! ¡Enhorabuena!», etc.

Que te organicen citas suele ser fantástico, pero también puede ser una pesadilla tipo Elm Street. SOBRE TODO cuando acabas de salir del armario, la gente bienintencionada (a menudo hetero) te bombardea con «¡AAAAYYY, CONOZCO UN/A CHICO/CHICA GAY! ¡DEBERÍAS CASARTE CON ÉL/ELLA!» Es muy triste que muchas personas heterosexuales crean que por el mero hecho de tener en común el ser "gay" vaya a surgir el amor verdadero. No lo es.

Sin embargo, l@s amig@s LGBT* o amig@s que te conozcan bien pueden ser unas celestinas extraordinarias, sobre todo si saben cuál es tu «tipo». Mucha gente celebra fiestas en casa para presentar y mezclar a sus amig@s solter@s, ¡con la esperanza de que lleves tú también alguna pieza de repuesto!

Laura, 21 años, que se transformó de hombre en mujer, y su pareja empezaron como amigos:

«Conocí a Tess en 2008. Por aquel entonces yo aún vivía como hombre y me negaba en redondo a reconocer por qué estaba siempre tan deprimido. Nos conocimos cuando ella y su grupo de amigos entraron en la tienda de caramelos en la que trabajaba y enseguida nos caímos bien. Empezamos a hablar porque ella era entusiasta de un grupo cuya foto llevaba yo en la camiseta. Quedamos después del trabajo para salir y pronto nos hicimos grandes amigos, aunque nunca nos enrollamos en plan romántico. Sabíamos que lo que sentíamos no era atracción sino amistad.

»Unos años después mi trastorno de identidad de género llegó a un momento crítico. Estaba a punto de suicidarme por los cambios que experimentaba mi cuerpo y no quería enfrentarme al hecho de que no podía soportar más tiempo la vida que llevaba. Así que recurrí a Tess. Ella fue la primera persona con quien hablé de lo que sentía sobre mi género y fue extraordinariamente comprensiva, me ayudó a buscar recursos y, sobre todo, estuvo a mi lado durante las primeras fases de la transición.

»Estuvo allí mientras yo buscaba un nuevo nombre, durante mis primeros y torpes intentos de presentarme como mujer y durante las primeras veces que me presenté en público como Laura; todo el tiempo a mi lado, orgullosa de conocerme, orgullosa de formar parte de la época de mi vida en la que la mayoría de aliados trans tienen más dudas. Ella fue la primera que empezó a llamarme por mi nuevo nombre, la primera en darme todo su apoyo y en quedarse a mi lado durante todo el proceso.

»Tess es gay. Cuando la conocí, ella solo salía con mujeres. Yo sabía que había salido con hombres antes, pero desde la primera vez que salió con una mujer, ya no dio marcha atrás. Durante el proceso de transición, nuestra relación también empezó a cambiar. Fue quedando claro que, aunque ninguna de las dos había estado interesada en una relación heterosexual entre nosotras, íbamos interesándonos la una por la otra según avanzaba la transición. Sé que muchos de mis complejos sobre relaciones se debían al profundo odio que sentía por mi antiguo cuerpo y al hecho de que las relaciones heterosexuales no me atraían en absoluto. Salir del armario y empezar a sentir la libertad de ser quién era yo, permitió que me abriera a la perspectiva de sentirme atraída o poder enamorarme de alguien.

»Durante el proceso de transición, Tess empezó a encontrarme atractiva. Lo que había sido una gran amistad, con aquellos repentinos sentimientos románticos y sexuales, no tardó mucho en convertirse en una relación. Dos años después, seguimos saliendo, más felices que nunca y esperando lo que nos depare el futuro. Ella ha sido increíblemente respetuosa con los límites que imponía mi cuerpo y ha permanecido a mi lado todo el tiempo, recordándome que hay alguien en este mundo a quien le parezco hermosa, aunque yo no me vea así.»

# EN LA RED

La gente LGBT* ha ido muy por delante del pelotón en los encuentros por Internet. Mucho antes de que existieran Match.com y otros parecidos ya estaban en funcionamiento Gaydar y Gaydar Girls, bautizados así por nuestro sexto sentido. Estos sitios web (ahora hay toneladas) te permiten encontrarte con otros LGBT* para tomar un café, cenar o a veces para echar un polvete. Es una elección y tú decides qué es lo que estás buscando.

Hoy, TODAS las páginas de contactos incluyen a hombres que buscan hombres y mujeres que buscan mujeres (cis o trans). En el reino gay parece que utilizamos muchísimo estos sitios web (como Match) para buscar contactos, con un ojo puesto en encontrar novio o novia. Casi todas exigen una forma u otra de pago, pero las hay gratuitas.

# CONSEJOS PARA LAS CITAS *ONLINE*

- NUNCA pongas en la red información personal, como tu dirección o número de teléfono (a menos que quieras morir asesinado).

- Es de buena educación poner una foto clara y reciente del rostro. ¡Y no engañes con fotos retocadas!

- Si decides conocer a alguien, queda con esa persona en un café o bar bien iluminado, no en un callejón de mala muerte.

- Algunas personas quedan en verse en sus casas. Cuidado con eso. Si lo haces, estás invitando a un desconocido a TU CASA, algo que no siempre es del todo seguro.

Recuerda que muchas páginas de contactos exigen tener como mínimo dieciocho años, aunque también hay gente que concierta citas a través de Twitter o Facebook.

«He tenido citas (y por lo tanto relaciones sexuales) con gente que he conocido por Twitter, pero han sido fruto de mi interacción normal y no algo deliberado. Facebook es diferente, porque está reservado para personas que conozco.»

Luke, 28 años, Londres.

# APLICACIONES Y REDES SOCIALES

La revolución del *smartphone* comprendió que, como todo en el siglo XXI, lo que en el fondo queríamos bajarnos de la Red era sexo. No me sorprendería si dentro de un par de años conseguimos descargarnos sexo de forma tan convincente que nos permita no tener que molestarnos en absoluto por los pegajosos fluidos ni el peñazo del rollo emocional.

Es verdad que, aunque los adultos buscan a veces una relación seria, también los hay que solo quieren pasar el rato. Puede que hayas llegado a la conclusión de que a los hombres gais y bi en particular les gusta bastante el sexo. VALE, a casi todo el mundo le gusta, pero parece que los gais han copado el mercado. Recuerda: eso está bien siempre que seas sincero y utilices condón. Los hombres gais y bi se han lanzado a las aplicaciones para ligar como moscas a la sexy-miel.

La tecnología avanza a un ritmo de vértigo (Qrushr, la red social para lesbianas, apareció y desapareció en un abrir y cerrar de ojos), pero parece que el líder del mercado, Grindr, ha venido para quedarse. **Nota: Grindr también exige una edad mínima de dieciocho años.**

**Cómo funcionan las aplicaciones para ligar:**

1. Sube una pequeña foto tuya a la aplicación.

2. La aplicación localiza tu situación geográfica.

3. La aplicación te dice qué homosexuales tienes cerca.

4. Puedes chatear con ellos.

5. Como están cerca, es fácil reunirte con ellos.

UNA COSA. No todo el mundo que utiliza estas aplicaciones busca sexo. Al igual que en las páginas de contactos, es solo otra forma de encontrar chicos o chicas que piensen como tú (también hay versiones para lesbianas). Repito una vez más, la aplicación acaba con la necesidad de preguntar: «¡Oye, tú, macizo! ¿Eres gay, tío?»

Si quieres utilizar una aplicación de este estilo para chatear o para citas, déjalo MUY claro. Si ese es el caso, poner una foto a pecho descubierto podría dar lugar a confusión, ¿no te parece? De esta manera, si estás buscando la omnipresente «diversión» (irónicamente, las palabras «sexo», «polvo» y la que empieza por F están prohibidas en casi todas las aplicaciones para ligar), sé franco y así no herirás los sentimientos de nadie.

La mayoría de nosotros conoce al menos una pareja que se conoció gracias a una de estas aplicaciones y luego pasó a ser algo más, pero yo sugeriría educadamente que descargar una de estas aplicaciones para buscar un compromiso serio es un poco como ir al Kentucky Fried Chicken a buscar comida sana… totalmente inútil.

# EL GRAN DEBATE SOBRE LAS APLICACIONES PARA LIGAR

## A FAVOR:

«Yo he utilizado Grindr. La ventaja es que puedes conseguir lo que quieres rápidamente. Lo malo es que siempre encuentras la misma gente, así que puedes aburrirte también rápidamente, y además hay demasiados "Hola, qué tal" que se podrían evitar. Yo prefiero ser más directo en esos contextos.»

Jonny, Londres.

«Las ventajas son evidentes: sexo rápido, fácil y sin complicaciones. La pega es que siempre encuentras conectada a la misma gente cuando estás en casa, y el programa solo te busca parejas en función de la proximidad, así que las oportunidades de encontrar a alguien que tenga en común contigo algo más que una conexión física son muy escasas.»

Luke, 28 años, Londres.

«He conocido a mucha gente por este medio. Se usa sobre todo para sexo rápido. Nos lo venden como una "red social", pero todos sabemos para lo que sirve en realidad. Es un poco como vender un consolador con el pretexto de que se usa exclusivamente para tapar agujeros. Yo no tengo problemas con ese aspecto; si la gente quiere sexo sin ataduras parece que Grindr es lo suyo, pero también he conocido a unos cuantos amigos nuevos por este medio, así que, como con todo, supongo que depende de cómo lo quieras utilizar.»

Stuart, 34 años, Brighton, Reino Unido.

Otra gran ventaja de las aplicaciones para ligar es que permiten cierto nivel de anonimato, por lo que la gente que no haya salido del armario puede conocer personas sin tener que ponerse en evidencia entrando en un «bar gay».

# EN CONTRA:

«Tras una ruptura larga y algo complicada, utilicé brevemente Grindr y Scruff, pensando que sería una forma fácil de encontrar un nuevo novio… Pronto me di cuenta de que estos servicios están ideados principalmente para propiciar encuentros sexuales entre personas con la misma mentalidad, y eso no era lo que yo estaba buscando.»

Mike, Londres.

«No creo que estas aplicaciones tengan ninguna ventaja. Creo que no son seguras.»

Mica, 23 años, Londres.

«Conozco a un chico que pilló gonorrea, clamidias y sífilis por culpa de un tío que conoció en Grindr. Todo de una vez, como si hubiera sido una oferta de tres por el precio de dos.»

Ryan, 32 años, Nueva Jersey, EE.UU.

«Yo me he descargado Grindr y lo he utilizado para chatear e intercambiar mensajes eróticos con hombres, pero nunca he llegado a conocer a ninguno físicamente. Si uno está necesitado de un encuentro sexual, para pasar el rato o para algo menos casual, siempre puede encontrar a alguien. Sin embargo, los hombres de estas aplicaciones suelen ser superficiales en lo que respecta al aspecto y a la identidad sexual (por ejemplo, "busco machos", "solo blancos y asiáticos", etc.)»

Anónimo, 20 años, Minneapolis, EE.UU.

Utilizar estas aplicaciones para encuentros sexuales está LLENO de peligros, de los que los creadores no se hacen responsables. Escondida en los sitios web de las aplicaciones (en letra muy pequeña), hay una sección que aconseja a los usuarios que sean prudentes al concertar «encuentros». Sí, todo el mundo está buscando en Grindr una cita inolvidable.

Para tener relaciones sexuales a través de una aplicación tendrás que conocer al compañero en potencia, lo que significa que la otra parte tendrá que acercarse a ti o tú a la otra parte. Obviamente, esto es muy arriesgado.

Como hemos dicho antes, el anonimato de los usuarios de estas aplicaciones permite suponer que hay colonias enteras de interlocutores mentirosos... un enjambre de oportunistas, si lo preferís. Cuidado con los perfiles sin rostro. Si no hay foto, será por algo.

# ALGUNOS CONSEJOS SOBRE LAS APLICACIONES PARA LIGAR

* Pon una foto tuya. No pongas la de otra persona: eso es mentir.

* Si no pones una foto de la cara, lo lógico es que el primer mensaje que recibas sea «DA LA CARA, COLEGA».

* Siguiendo con el tema, si crees que tu punto fuerte es tu torso desnudo, tenemos un problema. No seas langostino: «Cuerpo genial pero no me como la cabeza».

* Si no informas de tu edad, peso o altura, la gente pensará que eres viejo, gordo y bajo.

* En cuanto a los mensajes eróticos, enviar fotos de tus partes no es una buena idea. Luego se divulga todo. Utiliza el sentido común.

* Si estás TAN CACHONDO que quieres concertar un «encuentro sexual», primero reúnete con el «cliente» en un lugar público para tomar algo. De esa manera podrás saber, antes de dejarlo entrar en tu casa, si de verdad te atrae y que no es un neurótico lleno de tics. Obviamente, este procedimiento es muchísimo más SEGURO.

* SIEMPRE puedes decir que NO. Si quedas con alguien que has conocido a través de la aplicación, y su aspecto no te gusta, no temas pedirle que dé media vuelta en la puerta (o en el lugar seguro y público en el que hayas decidido verlo). Más vale tener un comportamiento desagradable que tener un contacto sexual desagradable.

* No hace falta decirlo: UTILIZA SIEMPRE CONDÓN.

- Si estás en Grindr y tienes menos de dieciocho años
  (a veces pasa), has de saber que es ilegal intercambiar
  fotos íntimas. Estarás distribuyendo pornografía infantil,
  aunque el fotografiado seas tú.

# CITAS HOMOSEXUALES

Por volver a los gastados estereotipos, los hombres gais
siempre están dispuestos a acostarse con quien sea, y las
mujeres gais, a ir a la Protectora de Animales, pero como
ahora la corriente gay ha salido a la superficie, es probable que
en algún momento quieras «citarte» fuera de las mazmorras
sexuales subterráneas y de los espectáculos de *drag queens*.

Una vez que has conocido a alguien, en la calle, en un bar, en
un club o a través de una aplicación para ligar, necesitarás
conocerlo más a fondo. ¿Cómo se hace esto? Como la mayoría
de la gente, es decir, comiendo y tomando unos vinos juntos.
Llegar a conocer bien a alguien es vital, porque el aspecto
exterior, por atractivo que sea, acabará por ser insuficiente.
(Si exceptuamos a Jake Gyllenhaal. Yo podría estar mirándolo
hasta el final de los tiempos.)

## IDEAS PARA UNA CITA

| | | | |
|---|---|---|---|
| Restaurante | Museo | Bolera | Cine |
| Teatro | Paseo/ excursión | Gimnasio | Compras |
| Exposición | Concierto | Picnic | Minigolf |
| Monumentos | Paseo en bici | Copas | Cafetería |
| Recital | Navegación | Pintar una taza | Ir de vinos |

Son solo veinte propuestas, pero eres libre de inventar las que quieras. Creo que aquellas en las que COMPARTES ALGO, como una exposición o un concierto, son las mejores, porque puedes hablar de lo que tienes delante. Las primeras citas pueden ser difíciles, porque al principio no tendréis temas en común y el encuentro viene a ser una especie de entrevista de trabajo, donde cada uno va contando su vida.

Sin embargo, las citas son importantes para conectar si hay algo dentro del bonito envoltorio que te gusta. Puedes tardar semanas, incluso meses. No hay prisa. El objetivo de las citas es saber si la persona con la que sales vale la pena.

# ¿QUIÉN PAGA EN UNA CITA GAY (O "GAYCITA", SI LO PREFIERES)?

Para los heterosexuales, este aspecto es curiosamente medieval: el chico siempre se ofrece a pagar, a menos que sea un rácano.

Pero ¿y si son dos chicos o dos chicas? La generosidad es supersexy, así que opino que siempre es un detalle ofrecerse a pagar. Lo más probable es que la otra persona diga: «No digas tonterías. Pagaremos a medias». Esto suele ser lo normal.

Si te ha gustado la cita y quieres repetir, siempre puedes decir: «Vale, paga tú y yo pagaré la siguiente...»

Si estáis comiendo y la otra persona se pone a hablar de lo que debe cada cual, deshazte de ella enseguida.

# CITAS TRANS

Esto es complicado. Está claro que una persona trans también puede ser gay o bi, así que parte de la información de las secciones anteriores puede serle útil. Pero algunos trans se identifican como heterosexuales. Ser trans puede ser una complicación para empezar nuevas relaciones, pero no siempre. Muchas parejas aceptan sin problemas la situación porque se han enamorado de TI, no de tus genitales. Muchos transexuales reciben el apoyo en su transición de su pareja, nueva o antigua.

Preocuparse por encontrar un nuevo novio o novia no debería ser una barrera que impida a una persona cambiar de género. Es mucho más importante ser quien realmente eres que tener una relación. ¡Además, cuando estás feliz y contento, es mucho más fácil atraer a otras personas!

Jane, de Washington DC, es una mujer trans que sale sobre todo con mujeres:

«[Utilizo] casi exclusivamente la red de citas OKCupid. La razón es que me permite "protegerme" de personas a las que no les gustan los trans. OKCupid tiene una pregunta específica: "¿Saldrías con personas que han cambiado de género?" Y otra: "¿En qué momento es adecuado que una persona que ha cambiado de género revele su condición?"»

Yo no sé lo que hacía la gente antes de Internet, pero ahora hay una gran cantidad de sitios web para conocer personas transgénero, aunque, repito, tienes que tener más de dieciocho años para acceder a la mayoría de ellas.

Harrison, del Reino Unido, se identifica como trans FTM y bisexual:

«Personalmente me ha resultado más fácil concertar citas desde que reconocí que era trans. Siempre soy sincero, algo que es de desear en toda relación, sin tener en cuenta el género o la orientación sexual. Cuando lo reconocí, descubrí que tenía más seguridad para acercarme a la gente y que había muchas personas a las que les intrigaba este tema. Algunos amigos han admitido que se han cuestionado su propia sexualidad al citarse con trans y la posibilidad de salir con alguien LGBTQ.

»La única experiencia negativa que tuve como varón trans fue que la persona con la que me estaba viendo cuando salí del armario (y que se identificaba como bisexual) tuvo una reacción de rechazo. Aunque no lo considero una pérdida, llegué a entender que necesitaba estar con una pareja que respetara mi estilo de vida y el hecho de que yo quisiera cambiar. ¡A fin de cuentas, si estoy cambiando es por mí y no por nadie más!»

Duncan es un varón trans de Jackson, Misisipi, EE.UU:

«Sentirme a gusto conmigo mismo y ser totalmente abierto sobre mi situación de trans significa que acabo saliendo con personas que están realmente interesadas en mí. Y si el hecho de que yo sea trans las asusta, pues ya no necesitamos volver a salir.

»La verdad es que casi todas las citas que he tenido después del cambio de condición han sido positivas. Los únicos puntos negativos no tienen nada que ver con el hecho de ser trans, sino con el hecho de no ser compatible con alguien determinado.»

# CAPÍTULO 9:

# LOS DETALLES DE LA SEXUALIDAD GAY

Este capítulo es sobre sexualidad. Por lo tanto contiene imágenes y descripciones sexuales. BUENO, VEAMOS. Si eres demasiado joven y crees que no estás preparad@ para los detalles más precisos del emparejamiento entre personas del mismo sexo, solamente tienes que saltarte este capítulo entero.

PERO antes de que lo hagas, me gustaría recordarte que en muchos países europeos te enseñan todo lo relacionado con la sexualidad entre hombre y mujer cuando tienes DIEZ AÑOS, en sexto curso. El hecho de que no te explicaran nada sobre parejas del mismo sexo se debe sencillamente a la homofobia institucional. La heterosexualidad se presenta como la norma, y eso hace que el cinco por ciento de la población se sienta anormal. ¿Hay algo repugnante en la sexualidad gay? ¿Está mal? Desafío a cualquier político a que lo discuta conmigo. LO MACHACARÉ.

Este capítulo cuenta simplemente lo que los profesores DEBERÍAN explicar para no marginar a la gente que tiene sentimientos homosexuales.

Cuando yo era un diminuto proto-gay, la idea de que dos hombres o dos mujeres tuvieran relaciones sexuales me acojonaba y descojonaba al mismo tiempo. Había dado por sentado a una edad bastante temprana que un chico tenía que introducir el pene en el agujero de una chica para que pudieran tener niños. Eso tenía sentido. Lo que no lo tenía era que dos hombres pudieran disfrutar frotándose el pene entre ellos o que dos mujeres encontraran placer juntando el respectivo pubis y restregándose. Seguro que la fricción acababa encendiendo un pequeño fuego.

Yo creía por entonces que «encular» consistía en darse culadas mutuamente, como si fuera una pelea de almohadones carnosos. Me confundía pensar que una actividad tan absurda pudiera provocar tanto escándalo y desprecio.

Mi confusión, estarás de acuerdo, era deliciosamente inocente, aunque en realidad insinuaba algo mucho más oscuro.

Había una vez una señora muy mala (a quien, para salir del paso, llamaremos Margaret T.), que decretó que los profesores no debían incluir «estilos de vida gay» en las clases de educación sexual en el Reino Unido. Esto se llamó «Artículo 28» [de la ley británica de educación] y explica por qué yo, como joven gay, no tenía ni idea de qué era un hombre gay NI lo que hacía.

Unos años después, un señor algo menos malo (llamémosle Tony B.) derogó esta parte de la legislación. Eso estuvo bien, porque ahora los profesores PUEDEN hablar de la homosexualidad en las escuelas*.

Solo hay un problema: muchos no hablaron porque no se les explicó qué debían decir exactamente a los jóvenes. A los profesores no se les da un guión. Muy a menudo, los profes esquivan el tema en su totalidad porque temen resultar «inapropiados». ¿Cómo es posible que enseñar a MILES de jóvenes LGB* a tener relaciones sexuales seguras y saludables sea «inapropiado»?

«Mi escuela era muy conservadora y nuestra educación sexual consistió en meternos miedo enseñándonos fotografías de genitales enfermos. De alguna manera, esto no infringía su política de "nada de pornografía". Quizá no se consideraba porno si al verlo daban ganas de vomitar. La existencia de personas LGBT* se pasaba completamente por alto.»

Stephen, 22 años, Johannesburgo, Sudáfrica.

---

* En España, se aprobó una ley educativa en 2006 que llevaba a las escuelas una asignatura conocida como «Educación para la ciudadanía», donde se impartirían temas relacionados con el respeto hacia la diversidad cultural, de orientación sexual o de religión. Esta asignatura fue bien acogida por parte de la sociedad, pero no por la parte más conservadora. Por eso mismo se suprimió y modificó en la posterior reforma educativa del 2013.

Suerte para el UNIVERSO que a mí no me da vergüenza y estaré encantado de explicar todas las características y particularidades de la «sexualidad gay».

# UNAS PALABRAS SOBRE LA PORNOGRAFÍA

«Mis primeras experiencias sexuales fueron los incidentes más terroríficos, desagradables e inductores de pesadillas que me atrevo a imaginar. Estaba muy mal preparado. Si creéis que ver toda la pornografía que vuestros ojos puedan soportar va a ayudaros, creedme, os equivocáis.»

James, 20 años, Londres.

Aclaremos una cosa: la pornografía NO es educación sexual. Esto puede aplicarse a todo tipo de porno (homo, hetero, etc.). He aquí los motivos:

1. Los actores y actrices del porno son expert@s en el acto sexual. Nadie espera que tú seas capaz de imitarl@s, sobre todo si estás aprendiendo.

2. El porno no refleja la vida real. Si los militares tuvieran tantas relaciones sexuales como sugiere la pornografía homosexual, el mundo correría un grave peligro.

3. Las estrellas del porno se seleccionan por su fantástico cuerpo, la longitud y grosor del pene y el tamaño de sus pechos siliconados. No hay mucha gente con ese aspecto en la vida real, y no creo que quieras salir con gente así.

4. Si todas las lesbianas tuvieran las uñas tan largas, los hospitales estarían mucho más ocupados atendiendo todas las heridas que harían en el clítoris de sus parejas.

5. Nadie utiliza condones. Siempre debes ponerte condón.

Básicamente, el porno está bien y es divertido, pero no es en absoluto REAL. Puedes aprovechar ideas, pero definitivamente no es para principiantes. Todo el mundo, incluidos los jóvenes gais, lesbianas, bi, indecisos y *queer* merece disponer de una educación sexual de gran calidad, impartida por expertos.

# "VIRGINIDAD GAY"

La heterosexualidad se enseña como si fuera LA NORMA. No solo en la escuela, sino también en el noventa y nueve por ciento de series de televisión, películas, libros, revistas y noticias. No es de extrañar, por tanto, que los primeros escarceos sexuales de personas LGB* se den con el sexo opuesto. Ay, la sensación de que te metan con calzador en las normas sociales. Qué bien.

Por lo tanto, much@s LGB* pierden la virginidad dos veces, ¡una con cada género! Ambas pueden ser experiencias desastrosas, pero así es como mucha gente descubre qué es lo que prefiere.

«Perdí la virginidad a los dieciséis años. En aquel entonces estaba haciendo un esfuerzo para demostrarme a mí mismo que era un hombre heterosexual y que podía hacer caso omiso de mis sentimientos, de modo que mi atracción por las mujeres era lo único que tenía en ese frente para sostenerme. Pronto me di cuenta de que, aunque las mujeres me atrajeran, yo no me sentía atraído por ellas como hombre, sino como mujer, en un sentido exclusivamente femenino. Prefiero considerar que perdí mi "virginidad gay" a los veinte, el año pasado. Fue la primera vez que tuve relaciones sexuales con una pareja que me veía como mujer, que nos veía a los dos como pareja homosexual, y estaba deseando esforzarse conmigo para tener relaciones de una manera apropiada para mí. Fue la primera vez que tuve relaciones sexuales como mujer a mis ojos y a los de mi pareja, lo que me pareció un hecho mucho más real.»

Laura, 21 años, Reino Unido.

«Con un chico era una cosa torpe. Yo no sabía lo que estaba haciendo ni cómo se suponía que tenía que sentirme. Estaba desconectada de mí misma. Con una chica fue excitante, cómodo. Ayudó que fuera la primera experiencia homo para las dos, así que ninguna sabía realmente qué tenía que hacer. Pero aprendimos rápido y fue muy divertido.»

Sarah, 29 años, Iowa, EE.UU.

«El día que cumplí dieciséis años fui a una tienda de guitarras que había cerca de casa y en la que solía pasar mucho tiempo. El propietario era mayor y estaba casado y habíamos estado flirteando durante meses, aunque nunca había pasado nada. Pero aquel día pasé allí varias horas, ya que no tenía nada que hacer hasta que mi madre saliera del trabajo. La tienda estaba tranquila y, según avanzaba la mañana, nos íbamos tocando cada vez más, hasta que empezamos a frotarnos entrepierna contra entrepierna. Nos contuvimos para no sacar el pito en plena tienda, y él propuso que fuera a su casa al día siguiente, que lo tenía libre y su esposa no estaría; el pretexto sería ayudarlo a "lavar el coche". Cuando llegué, el coche ya estaba limpio, aunque tardamos un par de horas en reunir valor suficiente para hacer algo. Mientras tanto hablamos de naderías y leímos de cabo a rabo el folleto semanal de las ofertas del Lidl. Seguimos viéndonos durante unos meses.»

L., 28 años, Brighton.

# PRIMERA PARTE: SEXUALIDAD CHICO CON CHICO

Aquí va el diagrama de un chico. Si también eres chico, probablemente sabrás qué partes te dan placer cuando las tocas, pero te presento una breve guía.

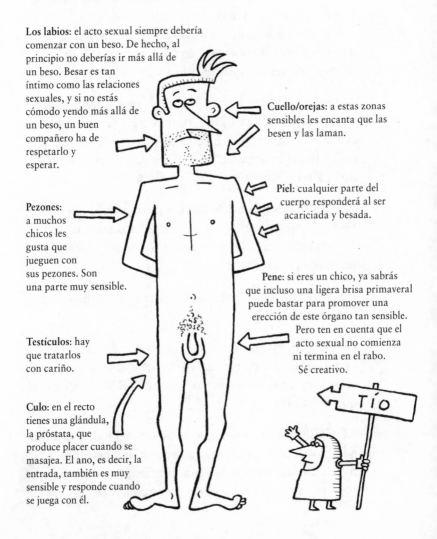

**Los labios:** el acto sexual siempre debería comenzar con un beso. De hecho, al principio no deberías ir más allá de un beso. Besar es tan íntimo como las relaciones sexuales, y si no estás cómodo yendo más allá de un beso, un buen compañero ha de respetarlo y esperar.

**Cuello/orejas:** a estas zonas sensibles les encanta que las besen y las laman.

**Piel:** cualquier parte del cuerpo responderá al ser acariciada y besada.

**Pezones:** a muchos chicos les gusta que jueguen con sus pezones. Son una parte muy sensible.

**Pene:** si eres un chico, ya sabrás que incluso una ligera brisa primaveral puede bastar para promover una erección de este órgano tan sensible. Pero ten en cuenta que el acto sexual no comienza ni termina en el rabo. Sé creativo.

**Testículos:** hay que tratarlos con cariño.

**Culo:** en el recto tienes una glándula, la próstata, que produce placer cuando se masajea. El ano, es decir, la entrada, también es muy sensible y responde cuando se juega con él.

TÍO

# ACTOS SEXUALES

Dos hombres pueden darse placer de varias y divertidas maneras.

1. **Pajas:** puede que la habilidad más importante que adquieras como gay o bi sea el clásico intemporal, es decir, la masturbación. La buena noticia es que puedes practicarla solo. La mala es que cada cual se acostumbra a su propia forma de hacerlo. Aprender a descubrir el estilo personal de una pareja puede llevar siglos, pero resulta muy gratificante si lo consigues.

Algo que no te enseñan en la escuela es que, para llegar a correrte o a correros, tú o tu pareja tal vez necesitéis acabar con la mano. A mucha gente le puede resultar difícil llegar al orgasmo de otra forma. No pasa nada, no es algo por lo que tengas que disculparte.

UNA BUENA PAJA depende del trabajo de la muñeca. Frota el glande, arriba y abajo, con la mano. Prueba diferentes velocidades y presiones hasta que el miembro responda positivamente.

UNA MALA PAJA es frotar y agitar como si fuera una botella de ketchup.

Finalmente, mi idea de frotar dos penes juntos no estaba muy lejos de dar en el blanco: frotarlos juntos con una sola mano es extraordinario, una SUPERBIPAJA (marca no registrada).

CONSEJO: si tu compañero está circuncidado (operado de fimosis) deberías probar a frotar con lubricante. Recuerda que él no tiene tanto prepucio (piel) para protegerse como los hombres sin circuncidar.

2. **Mamadas:** el sexo oral consiste en meterse el pene de otro tío en la boca o, también, introducir el tuyo en la de otro. Solamente hay una norma en lo referente a las mamadas: CUIDADO CON LOS DIENTES. Labios y lengua, sí; dientes, NO.

A semejanza de lo que sucede con las pajas y con los huevos del desayuno, cada hombre quiere que se lo hagan a su manera. Es mucho más exacto decir «mamarla» que «comerla», porque se trata de chupar suavemente y no masticar. Es decir, se trata de deslizar la parte interior de los labios a lo largo de la polla.

**Dejar que un tipo se corra en tu boca no siempre es seguro. Apártate del volcán antes de la erupción. De hecho, has de saber que muchas enfermedades de transmisión sexual se contagian a menudo por la boca.**

3. **Sexo anal:** es una verdad universal que a muchos hombres les gusta meter sus partes dentro de agujeros. Sospecho que debe de ser algo biológico. Bueno, en ausencia de vagina, los hombres gais y bi hacen un uso excelente de la puerta trasera.

¿Queréis saber un secreto? Los heteros también practican el sexo anal continuamente. ¿Otro? Dicen que a los hombres heteros les gusta que les metan algo por el culo, tanto como a los gais. ¿Por qué? Como mencioné antes, la próstata (que puede palparse por la pared del recto) produce placer cuando se masajea. A muchos hombres, gais o heteros, les gusta esta sensación. El sexo anal NO ES exclusivamente gay.

Sin embargo, a diferencia de lo que sucede en el coito vaginal, hay que hacer algunas consideraciones más sobre la cópula anal, por los siguientes motivos:

**Precauciones:** por muy placentera que sea la penetración anal, hemos de tener presente que la función principal del callejón trasero es hacer caca. La caca no es sexy. Por lo tanto, si estáis planeando hacerlo, necesitaréis dedicar un tiempo a aseguraros de que la caca no aparece en plena cópula.

El mejor método y el más saludable es ir al lavabo antes de la cópula y hacerse una buena limpieza después. La caca no se queda estancada en el recto, así que no debería ser problema. Algunas personas prefieren limpiarse con una lavativa. Las lavativas, popularmente «peras» o «visitadoras», se venden en las farmacias y en muchos otros sitios. Básicamente se trata de inyectarse agua en el callejón trasero para limpiar la zona. Esto se llama enema, irrigación, lavado intestinal, etc. Hace años se utilizaba por higiene; en la actualidad, solo contra el estreñimiento.

El proceso es así: carga la pera con agua caliente o templada, aprieta la pera para que el agua te suba por el recto, espera unos momentos y luego deja que se vacíe en el inodoro. Repite el proceso dos o tres veces, o hasta que el agua salga clara. *Nota*: el agua del culo no es potable.

Hay mucha gente que no utiliza lavativas. Primero, porque no es muy espontáneo y en segundo lugar porque algunas autoridades sugieren que lavar la mucosa del recto (que lo protege de desgarros y, por lo tanto, de algunas enfermedades de transmisión sexual) es más perjudicial que beneficioso.

Reconozco que esto no suena MUY sexy, pero me temo que así es la cruda realidad del sexo anal, y algunas precauciones lo convertirán en algo más excitante.

**Papeles:** aquí es donde las parejas chico-chico pueden resultar engañosas. A fin de cuentas, si queréis practicar sexo anal, uno de los dos tiene que ponerse «encima» (el que da) y el otro «debajo» (el que toma o recibe). Los hombres gay parecen pasar mucho tiempo hablando de esto. En realidad no es un problema tan grave, ya que muchos chicos son versátiles y estarán encantados de cambiar de papel según su estado de ánimo, aunque hay chicos que prefieren únicamente estar encima o debajo.

¿Es «el hombre» el que da y el que toma o recibe, «la mujer»?

NO. La gracia de ser gay es que se trate de dos tíos. Estar debajo no es menos masculino que estar encima. Míralo de esta forma: «donde las dan, las toman».

¿Cómo sabes si te va más estar encima o debajo? Es fácil. Si la idea de tener algo duro metido por el culo te resulta excitante, entonces prefieres estar debajo. ¿Lo ves? Fácil.

Algunos gais son muy directos al hablar de sus preferencias, ya que esto les ahorrará tiempo más adelante y evitará la incómoda situación de que, por ejemplo, dos «activos» estén en la cama tratando desesperadamente de convencer al otro de que piense y actúe de otra manera. Sin embargo, la mayor parte de las veces esto se puede deducir cuando estás saliendo y, como dije antes, no hay ninguna norma que diga que tienes que practicar el coito anal cada vez que tienes relaciones homosexuales. Ni muchísimo menos.

**Lubricantes:** al contrario que la vagina, el recto NO se lubrica solo. Si vas a practicar coito anal NECESITAS lubricante. Por dos razones: la primera es que el coito anal duele. El ano no tiene la capacidad de abrirse de la misma forma que una vagina. Esto significa que es un agujero estrecho (lo que es placentero para el que se pone encima), pero también significa que puede ser muy incómodo para el que está debajo. Por eso a muchos no

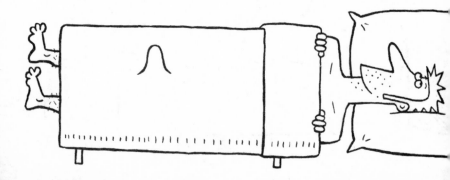

les gusta ponerse debajo. Pero con un lubricante hidratante puede resultar muy placentero, como la clase de dolor que sientes cuando te dan un masaje terapéutico.

Dos: el lubricante hace que disminuyan las probabilidades de que se rompa el condón. La pared del recto es una membrana muy frágil, lo que significa que es más fácil pillar una enfermedad de transmisión sexual con el coito anal que con el vaginal. Es imprescindible utilizar condones en el coito anal.

**P.S. Un poco de saliva, como en *Brokeback Mountain* o en *Querelle*, NO es un sustituto de un buen lubricante hidratante, que puedes conseguir gratis junto con condones en los bares gais, y también en consultas y clínicas; además, puedes comprarlo en cualquier parte. La vaselina y el aceite para niños son oleaginosos y pueden descomponer el condón. No los utilices como lubricante.**

Finalmente, vale la pena señalar que a algunos hombres gais y bi no les gusta el coito anal. Puede que sea porque duele o puede deberse al hecho de que sea la tubería de la caca, pero hay chicos (y chicas) que no lo practican, y no pasa nada. Que no te guste dar o tomar no significa que no puedas identificarte como gay, FALTARÍA MÁS.

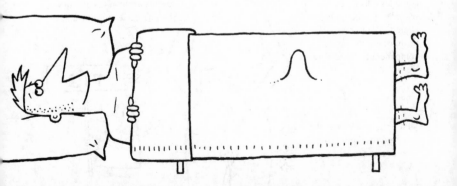

# SEGUNDA PARTE: SEXUALIDAD CHICA CON CHICA

He aquí un diagrama de una mujer. Si también eres mujer, probablemente sabrás qué partes te dan placer cuando las tocas, pero te presento una breve guía.

**Clítoris:** observa la ilustración. Las mujeres son un poco más difíciles que los hombres, que tienen todo el aparato colgando por fuera. El clítoris es un grupo supersensible de terminaciones nerviosas; al acariciarlo, besarlo o lamerlo, la mujer puede llegar a correrse (lo cual es algo bueno).

**Vagina:** la vagina es el conducto por el que se entra en el aparato reproductor femenino y por el que salen los niños. Hay muchísimas investigaciones al respecto y se cree que existe un «punto G» dentro de la vagina. Aunque no se ha demostrado la existencia de este santo grial del sexo, muchas mujeres están de acuerdo en que introducirse cosas en la vagina produce mucho placer.

**Ano:** Aunque las mujeres no tienen próstata que palpar por el recto, a algunas les gusta que les metan algo por ahí.

**Labios:** el sexo siempre debería comenzar con un beso. De hecho, al principio no deberías ir más allá de un beso. Besar es tan íntimo como las relaciones sexuales, y si no estás cómoda yendo más allá de un beso, una buena compañera ha de respetarlo y esperar.

**Cuello/orejas:** a estas zonas sensibles les encanta que las besen y las laman.

**Pezones:** a muchas chicas les gusta que jueguen con sus pezones. Son una parte muy sensible.

**Piel:** cualquier parte del cuerpo responderá al ser acariciada y besada.

# ACTOS SEXUALES

Dos mujeres pueden darse placer entre sí de varias y divertidas maneras.

1.- **Dedos:** mucho más efectiva que un pene en muchos aspectos, una mano puede hacer la labor de cinco penes a la vez. Cuando las lesbianas hablan de relaciones sexuales, se refieren a esto. Ellas pueden estimular el clítoris y la vagina y llevar a su pareja al orgasmo con los dedos. A veces pueden conseguirlo las dos al mismo tiempo.

2.- **Cunnilingus:** al clítoris le encanta ser lamido y besado. Las chicas pueden practicar el sexo oral por turnos o, si tienen ganas de aventuras, al mismo tiempo.

3.- **Juguetes y arneses con pene:** a unas mujeres les gusta y a otras no. Se ha escrito mucho sobre los motivos por los que una lesbiana puede querer jugar con un simulacro de pene, pero lo que yo digo es que da igual, ¡si te gusta, adelante! Además, un hombre es algo más que un pene. Que una mujer disfrute con un objeto con forma de pene no significa que le gusten los hombres de espaldas anchas, barbudos y sin tetas.

Juguetes, consoladores, vibradores y arneses con pene cumplen la misma finalidad: son prótesis que se insertan en la vagina. Al igual que en el caso de los gais, no hay una mujer que haga el papel de «hombre». ¡Dos mujeres que tengan relaciones homosexuales serán siempre dos mujeres!

# NO LO DIGO SOLO YO

Está claro que no soy una mujer gay, por lo tanto ¿por qué ibas a recurrir a mí en busca de consejos sobre las relaciones sexuales de chica con chica? Bueno, solucionado. He llamado a una experta, una autora gay, Fi Locke:

*Vamos a hablar de consoladores: creo que mucha gente piensa que si no hay pene, se crea un vacío sexual terrible y, por eso, para satisfacer la vagina, hay que introducir en ella algún objeto con forma de polla.*

*Básicamente, hay agujeros por todas partes, pero ¡NO TIENES QUE LLENARLOS TODOS! No es necesario, ni con la lengua (personalmente, no creo que eso dé placer) ni tampoco con nada con forma de pene.*

*Creo que casi todos los buenos orgasmos tienen que ver con el clítoris (bueno, al menos en mi caso). Si quieres más barroquismo, no hay nada malo en meter unos cuantos dedos (o la mano, dependiendo de... bueno, ya sabes) durante o después de la estimulación del clítoris.*

*Pero eso son los orgasmos. Y por estupendos que sean, no todo gira en torno a ellos.*

*Yo solo me he acostado con dos mujeres que disfrutaban utilizando consoladores. Detesto ponerme un arnés con pene. Solo lo he hecho una vez y ¡NUNCA MÁS! Claro que soy más bien de tipo pasivo. (Además, los arneses son un peñazo y exigen mucho esfuerzo. Tienes que estar EN FORMA para echar un polvo con ellos. Y ni esperes correrte si llevas uno.)*

*Todo eso de que «a las bolleras les gustan los arneses» es pura fantasía. He oído diferentes opiniones de amigas y amantes, y unas están de acuerdo con lo que acabo de decir y otras tienen la sensación de estar castradas por llevar una «polla postiza». Es algo personal. A algunas les gusta y a otras, no.*

*Pero volvamos a los orgasmos. Me gusta un buen meneo con la mano o con un consolador (en la vagina o en el recto), pero sinceramente, no tiene nada que ver con el orgasmo, sino con el placer de ser acariciada. Y a veces ese placer es suficiente en sí mismo. No se trata de una tímida excusa del tipo «Ya está bien, cariño, mientras tú estés contenta, yo también lo estoy». En serio, no siempre es necesario llegar al orgasmo.*

*¿Qué más? Bueno, a veces está bien pedir ayuda. El mapa del placer de cada mujer es diferente, así que si tu amante lo está haciendo mal, ayúdala. Aunque eso signifique hacerlo por ella una o dos veces. Eso podría dar la sensación de que estás utilizando su mano para masturbarte, y en realidad es así, pero por suerte al cabo de un rato ella empezará a notar qué es lo que te pone.*

*He estado con muchas mujeres tiquismiquis del tipo «No somos heterosexuales, somos lesbianas, y somos más amables y más respetuosas que los hombres». Es un coñazo. Muy aburrido. Ve a por ello y nunca te avergüences de nada.*

*Por último, creo que siempre deberíais proceder por turnos (a menos que hagáis el 69). Yo todavía no he encontrado una forma efectiva de no hacer turnos. Solo tienes que asegurarte de no caer en el típico «Bueno, supongo que ahora me toca hacértelo a ti».*

*Por último, y esta vez acabo en serio: pensándolo bien, no creo que la sexualidad de chica con chica sea diferente de cualquier otro tipo de sexualidad. Si escuchas lo que tu cuerpo te pide, lo que te pone, y no te avergüenzas de pedirlo, y experimentas todo lo que puedas, exploras cada rincón de tu deseo, aunque solo lo hagas una vez, entonces aprenderás qué te gusta y qué no y, voilà, ¡estarás disfrutando del sexo enseguida!*

*Bueno, vale, ahora sí, unas últimas reflexiones:*

> *1. ¿Por qué siempre ponen «venas» en los consoladores? Es asqueroso.*

> *2. Nota para los fabricantes: los vibradores no tienen por qué tener forma de pene.*

> *3. Que te metan algo por el culo y lo retiren poco antes de un orgasmo de clítoris puede resultarles ALUCINANTE a algunas personas.*

> *4. El lubricante es genial. No te preocupes por las sábanas, ya las lavarás. Nunca te quedes sin lubricante. Sobre todo si quieres meterte algo por el culo.*

*¿Quién dijo que las lesbianas no pueden tener relaciones sexuales? No estamos de acuerdo.*

## JUEGOS DE ROL

Al igual que los hombres gais, algunas mujeres prefieren jugar a ser la figura dominante o la que se pone «encima», mientras que otras prefieren ponerse «debajo», adoptando un papel más pasivo.

SIN EMBARGO, creo que vale la pena decir que la idea de los roles no es exclusiva de hombres y mujeres homosexuales o bisexuales. Muchas parejas hetero también juegan a tener uno u otro rol, y a que uno de los miembros de la pareja sea más sumiso que el otro. Los gais no inventaron este concepto. Y si no, fíjate en las chorradas de *Cincuenta sombras de Grey*.

Para algunos gais, la idea de «ponerse encima» o «debajo» o de adoptar un papel «activo» o «pasivo» es importante para realizarse sexualmente.

«Si es para un polvo rápido en Grindr, entonces sí (importa el papel). Yo no utilizo esa clase de aplicaciones para charlar o hacer amigos. Siempre es mejor mantener relaciones con alguien compatible contigo en ese aspecto. Para masturbarme me basto solo, así que no voy a salir con alguien para hacer solamente eso.»

Jonny, Londres.

«[Los roles] importan durante un tiempo. Pasé unos años experimentando con sometido/dominante. Tenía una pareja que era estrictamente dominante y le gustaba demostrarlo tanto en el dormitorio como en público. Por ejemplo, estábamos en un restaurante y solo me permitía comer con la mano izquierda, salvo si ella me decía otra cosa. Otras veces íbamos al Klub Fuk y me azotaba delante de todo el mundo, cosas así. Tiene gracia durante algún tiempo, pero ahora tengo más años y me está empezando a parecer algo estúpido y aburrido.»

Fi, 29 años, Madrid.

«[Los roles] no deberían importar, pero la gente se relaciona de distintas maneras. Algunas personas ven ciertos actos sexuales como preferencias o necesidades. Si alguien se excita únicamente cuando es dominado, entonces será mejor que lo diga abiertamente para así poder encontrar a alguien que satisfaga esa necesidad.»

Stuart, 33 años, Reino Unido.

# SEXUALIDAD TRANS

La vida sexual de los trans puede ser más complicada que la de la mayoría, pero no tiene por qué ser así. **Se ha de recordar algo importante: que las personas no se enamoran de los genitales.**

Como casi todos los transexuales que habitan su género preferido son sinceros al respecto, ya sea al conocer gente o por Internet, sus parejas entran en la relación sabiendo qué características posee su nuevo amor. Por lo tanto, no es un problema. Algunas personas buscan activamente parejas trans, tanto sin operar como operadas.

Hay trans que optan por la cirugía genital, mientras que otras prefieren no hacerlo, y obviamente esto afecta a su estilo de vida sexual.

El mismo batiburrillo de actividades sexuales disponible para los heteros o gais está también al alcance de los trans. Cualquier agujero es un objetivo (¡es broma!) y todos dan placer.

«La sexualidad entre mujeres es muy diferente de la heterosexual. No se establece de antemano que hay que llegar al orgasmo o a la eyaculación. Así que creo que salir con mujeres, como mujer, es más fácil en ese sentido, la relación sexual es más informal. ¿Dónde está la frontera entre besarse, o simplemente hablar, y la actividad sexual? En la comunidad de los excéntricos somos conscientes de que hay una gran variedad de formas de "practicar sexo" y conseguir satisfacción sin tocarse y sin orgasmos. Así que todo esto es muy complicado y relativo.

»Sin embargo, creo que esto vale más para la experiencia «lésbica» que para la experiencia de la mujer transgénero. Las posibilidades pueden variar.

»También está la fetichización (especialmente) de la mujer trans. Si te fijas en los anuncios de contactos, verás varias secciones: mujer busca hombre, hombre busca mujer, mujer busca mujer, etc. Pero también existe el trans busca hombre y el hombre busca trans. El problema aquí es que hay hombres por ahí que supongo que sentirán curiosidad por las relaciones sexuales con hombres y por lo tanto buscan mujeres (algo que a ellos les parece normal) que tengan pene (lo que les permite satisfacer su curiosidad sobre las relaciones sexuales con hombres). Pero yo no soy un hombre. Y mi «perfil de respuesta» sexual es muy diferente del de un hombre. Esas posibilidades con que los hombres están familiarizados, no funciona igual en una mujer trans. Mi respuesta emocional es diferente. Así que estos sitios web de anuncios y citas especialmente para trans (que incluyen a travestidos y *drag queens*, operados, a punto de operarse y sin operar, etc., etc.) son casi exclusivamente para fetichistas. Algo que yo no quiero. Yo quiero ser tratada como una mujer.»

Jane, Washington, EE.UU.

Hablando en serio, seas quien seas, con independencia de con qué género te identifiques, y por muchas etiquetas que lleves, hay dos normas para tener relaciones sexuales satisfactorias:

1. Haz lo que te guste.

2. Comunícate con tu pareja. ¿Cómo, si no, vas a saber lo que le gusta a él o a ella, y cómo van a saber lo que te gusta a ti?

# ¿POR QUÉ LOS HOMBRES GAIS SON TAN PUTONES?

Bueno, en primer lugar, no me gusta la palabra «putón», así que repitamos la frase con una palabra más adecuada, «PROMISCUOS», que básicamente significa que te enrollas con mucha gente. En segundo lugar, todo aquel que diga que todos los hombres gais son promiscuos es un homófobo hasta la médula.

SIN EMBARGO, lo cierto es que muchos estereotipos tienen una semilla de verdad debajo de toda la mierda. En este caso, tanto mis propias investigaciones como la de otros autores sugieren que los hombres gais, en efecto, parecen inclinados a la promiscuidad. Durante mi estudio, SOLAMENTE los hombres gais alegaron haber tenido más de veinte parejas en su vida, y algunos dijeron haber practicado sexo con más de cien.

Esto no tiene por qué escandalizar a nadie. Es un hecho, sencillamente. RECORDAD que, como jóvenes gais, hemos sido educados con VALORES HETERONORMATIVOS, es decir, con los valores de los heterosexuales, que constituyen la mayoría.

Hasta hace poquísimo tiempo las parejas homosexuales ni siquiera podían casarse, así que es natural que los LGB* no siempre hayan jugado según las mismas reglas que nuestros hermanos y hermanas heterosexuales. El ambiente gay tiene sus propias normas y parece que una de ellas es la promiscuidad.

Algunas teorías sobre la promiscuidad gay:

### 1. LOS HOMBRES SIEMPRE SERÁN HOMBRES.
Nosotros (y me refiero a todos, incluidas las mujeres) nos ponemos cachondos a causa de la hormona llamada TESTOSTERONA. Los hombres producen más que las mujeres. Es un hecho. Desde la perspectiva de la evolución,

un hombre podría engendrar cincuenta niños en el tiempo que tarda una mujer en tener uno. Se cree que la monogamia (tener una única pareja sexual) surge de la necesidad prehistórica de tener un varón cazador-recolector a mano para ayudar a criar al hijo. Básicamente, la única razón por la que los heteros no tienen tantas relaciones como los gais es porque sus parejas los echarían a patadas.

Esta teoría está apoyada en cierto modo por investigaciones que señalan que los hombres son más propensos a engañar que las mujeres.

Bien, imagina que eliminas a las mujeres de la ecuación. Los hombres gais de ideas afines pueden tener todas las relaciones que quieran, sin el riesgo de quedarse embarazados.

Esto no es excusa para portarse mal. Como mamíferos adultos, hemos evolucionado para reaccionar más allá de la simple química de nuestros cuerpos y no nos dejamos guiar por ella. Ningún hombre, gay o hetero, TIENE que ser promiscuo o engañar a su pareja.

2. **CONDUCTAS NORMALIZADAS:** la promiscuidad se asocia con los ambientes gais más extensos, es decir, con ciudades donde tienden a vivir muchos gais. Dentro de las subculturas gais, los hombres son más comprensivos y no juzgan la promiscuidad. Por lo tanto, se convierte en una norma social. Repito, esto no disculpa la mala conducta, como engañar a una pareja o tener relaciones sexuales no seguras.

3. **MISOGINIA:** años de mierda sexista han inculcado a la gente la idea de que los hombres promiscuos son cojonudos, mientras que a las mujeres promiscuas deberían arrastrarlas por la plaza del pueblo atadas a la parte

trasera de un carro, vestidas como Moll Flanders*. Los hombres, gais o heteros, no están sometidos a la misma «vergüenza» que las mujeres, aunque yo diría que esto está cambiando y todo el mundo considera de mal gusto el hecho de acostarse con todo el mundo, incluso, paradójicamente, los hombres gais que lo hacen.

También me pregunto por qué, si los hombres heteros son considerados unos cerdos si tratan mal a las mujeres, los gais son considerados (erróneamente) «tíos duros» y pueden tratar a los demás tan mal como quieran. Las mujeres fruncen el ceño ante los heteros promiscuos, pero no suelen juzgar a los gais que lo son.

El terapeuta americano Alan Downs habla mucho de la promiscuidad en su libro *The Velvet Rage*, que puedes leer si te interesa el tema, aunque no lo encontrarás publicado en castellano. Aunque habla de hombres homosexuales, achaca a una homofobia interiorizada, a la que él llama «vergüenza», este tipo de comportamiento.

Pensar que somos raros y enfermos (lo que nos remonta a las etiquetas «diferente» y «anormal») nos ha hecho creer que no merecemos ser amados, así que lo reflejamos de varias maneras, una de las cuales sería el tener relaciones sexuales informales con múltiples parejas. Downs cree que estamos buscando una valoración externa a través de la aceptación física de parejas sexuales. Doctores y enfermeras de clínicas de salud sexual probablemente estarán de acuerdo en que la actitud de ALGUNOS hombres gais ante las relaciones sexuales no es precisamente saludable. Sea cual sea la razón, los hombres gais están más predispuestos a tener problemas de adicción, incluida la «adicción al sexo», pero eso no les ocurre a TODOS los hombres gais.

---

* Novela de Daniel Dafoe.

Yo no estoy tan seguro como Alan Downs. No hay nada malo en tener múltiples parejas sexuales ¡UUUH... QUEMAD AL HEREJE! Lo sé, ¿vale? Si los dos miembros de la pareja son sinceros, abiertos sobre su estilo de vida y toman precauciones, no supone diferencia alguna cuántas parejas sexuales tengas... ¡pero cuidado, no vayas a cruzarte en el camino de otro! ¡A nadie le gusta tener un novio, o novia, picoteando en corrales ajenos!

Se trata de ELEGIR, y creo que todo el mundo debería poder vivir de la forma que quiera, siempre y cuando no haga daño a nadie, NI SIQUIERA A SÍ MISMO, en el proceso. Puedes optar por ser promiscuo o no. No importa cuántos amantes tengan tus colegas, no importa lo caliente que vayas, no importa cuántas ofertas te hagan: la ELECCIÓN es siempre tuya.

## PERO SIEMPRE DEBES TENER RELACIONES SEXUALES SEGURAS.

Y ahora vamos con las malas noticias. Cuantas más parejas tengas, más fácil es que pilles alguna enfermedad de transmisión sexual. Hay unas cuantas pululando por ahí, unas peores que otras; la mayoría tienen tratamiento y todas son evitables.

Una buena noticia parcial: estadísticamente, las lesbianas tienen menos riesgo de contraer este tipo de enfermedades, siempre que limpien bien los juguetes (a los que también puedes poner un condón).

Sin embargo, las enfermedades que se transmiten por la sangre pueden contagiarse, en teoría, a través de encías sangrantes o de cortes en los dedos. Nadie está libre de peligro (algo en lo que conviene pensar antes de engañar a tu pareja).

Más malas noticias: estadísticamente hablando, los hombres gais tienen un riesgo mayor de contagio. Esto se debe principalmente a la promiscuidad del ambiente gay. ¡Eh! ¡No mates al mensajero! Repito, cuantas más parejas tengas, más fácil es pillar alguna enfermedad de transmisión sexual.

¡Prepárate a sentir unos picores psicosomáticos de alta intensidad! Vamos a echar un vistazo a algunas de las enfermedades de transmisión sexual más corrientes:

1. **Herpes genital**: ampollas asquerosas, dolorosas y que pican en el pene, la vagina, la boca o el ano. Básicamente, una herida purulenta en el capullo o en la vulva. No tiene cura (tendrás el virus latente durante toda la vida), pero sí tratamiento. Una vez infectadas, las víctimas pueden perfectamente sufrir futuros episodios de picor/dolor.

2. **Gonorrea**: aunque esta enfermedad no siempre presenta síntomas, el más habitual es una sensación de escozor al hacer pis. Algunos pacientes también tienen una deliciosa exudación de algo parecido al pus por el pene o la vagina. Como la infección es bacteriana, se puede tratar con antibióticos, aunque los médicos están cada vez más preocupados por la resistencia de esta infección al tratamiento.

3. **Verrugas genitales**: las verrugas genitales son causadas por un virus llamado HPV [virus del papiloma

humano], que está presente en cerca del treinta por ciento de las personas activas sexualmente. Son muy contagiosas, pero solo el tres por ciento de los portadores desarrolla una verruga en el pene, la vagina o el ano. Las verrugas visibles pueden ser tratadas con pomadas, crioterapia (congelación), extirpación (¡ay!), electroterapia o láser. Por si estos métodos no fueran suficientemente desagradables, el virus no desaparece y las verrugas pueden volver a salir.

4. **Sífilis:** los primeros síntomas son grandes úlceras que ni pican ni duelen en los genitales o en el ano. Esta enfermedad necesita ser tratada rápidamente con antibióticos para que no haya síntomas secundarios. Si no se trata, puede afectar al cerebro y finalmente producir la muerte. Qué alegría.

5. **Ladillas:** son visibles Y pican un huevo. Se pueden tratar con una loción, pero librarse de ellas puede costar otro huevo. Además de los picores, las ladillas tienen un efecto colateral muy embarazoso: hay que contárselo a los padres, ya que sobreviven en sábanas, ropa y toallas, lo que significa que hay que hervir toda la ropa para no contagiar al resto de la familia.

6. **Clamidiasis:** en el cincuenta por ciento de los casos puede que experimentes una ligera descarga o una sensación de escozor al orinar. O puede que tengas clamidias y no te enteres nunca porque nunca has tenido síntomas. Las consecuencias para las mujeres son mucho más graves, ya que estas bacterias pueden causar serios problemas a la capacidad reproductora. (Vale la pena subrayar que la clamidiasis también puede producir esterilidad en los hombres.) En el año 2012 se trató en el Reino Unido a 206.912 personas con clamidiasis, que se convirtió en la enfermedad de transmisión sexual más

extendida del país. Y eso contando solo a las que llegaron a tratarse.

7.- **Hepatitis B y C**: hay un alfabeto completo de virus de hepatitis rondando por ahí, pero estas dos enfermedades son las que se transmiten más habitualmente por vía sexual. Son infecciones del hígado y pueden ser muy graves. La hepatitis B tiene vacuna, pero no la hay todavía para la hepatitis C.

# VIH/SIDA

Esta enfermedad tiene una sección especial debido a su particular importancia para gais y bi, quienes (en el mundo occidental) son el grupo con más alto riesgo de contraerla. Las mujeres han de saber que el VIH puede transmitirse por contacto oral, pero no es un grupo de alto riesgo, estadísticamente hablando.

Para mi generación, ser gay y morir de sida estuvo cruelmente relacionado. Los jóvenes gais de los años ochenta y noventa temían salir del armario por esta razón, como ya dijimos antes.

Ahora están apareciendo más casos de VIH. ¿Cómo puede ser, si TODOS sabemos que hay que usar condón, sobre todo para el coito anal? Por dos razones: primera, la campaña sobre el VIH y el sida aterrorizó a toda una generación. Cuando pareció que el mensaje había calado, el Ministerio de Sanidad cambió sus prioridades y se concentró en otra cosa (los heterosexuales tienen mucho más riesgo de contagiarse de clamidiasis, por ejemplo). Esto significa que la educación sobre el VIH es más escasa ahora que antes. La segunda razón es que ciertos descubrimientos positivos respecto al tratamiento del VIH han permitido que la gente viva con el virus durante mucho más tiempo (lo cual, obviamente, es estupendo; nadie quiere morirse) y por lo tanto los infectados duran más, lo que significa que pueden contagiar a más parejas sexuales.

Esto significa que hemos de cambiar nuestro concepto del VIH (son relativamente pocas las personas que llegarán a desarrollar el sida si siguen un tratamiento).

# ¿QUÉ ES EL VIH?

El VIH (virus de la inmunodeficiencia humana) es un virus crónico que ataca el sistema inmunitario, haciendo que al cuerpo le resulte más difícil defenderse de las enfermedades en general. En sentido estricto, el sida (síndrome de inmunodeficiencia adquirida) NO PUEDE transmitirse porque es la posible consecuencia de la infección con VIH. Se transmite el virus, no el síndrome.

## ¿Cómo se contagia el VIH?

Puedes contagiarte al entrar en contacto con la sangre o el semen de alguien que sea positivo para el VIH (seropositivo). La forma más habitual de contagiarse es, de lejos, practicando el coito anal sin protección (sin condón).

## ¿Puede transmitirse el VIH practicando sexo oral?

Sí, aunque el riesgo es muchísimo menor que con el coito anal. Es posible porque la gente puede tener encías sangrantes, lo que hace que la persona que practica la felación pueda ser vulnerable al virus a través del semen de su pareja. Pillar VIH por una felación es muy raro. Pero puede ocurrir, así que, ¡cuidadito!

## ¿Existe cura para el VIH?

No hay cura para este virus. Muchas personas seropositivas siguen un tratamiento para mantenerse tan sanas como sea posible.

## ¿Es muy común el VIH?

En el Reino Unido hay unas 100.000 personas que son seropositivas, pero, y esto es lo que asusta, una cuarta parte NO LO SABE porque no se hace la prueba regularmente. En España, en 2013, se había contabilizado un total de 30.000 casos, solo por debajo del Reino Unido, Francia y Portugal. La tasa de incidencia del sida en España era, en ese mismo año, de 10 por cada 100.000 habitantes.

En cuanto a los gais, se cree que en Gran Bretaña uno de cada veinte gais o bi son seropositivos, y la cifra aumenta en razón de uno de cada diez en grandes ciudades con zonas importantes de ambiente como Londres o Manchester.

Los seropositivos entre gais y bisexuales están aumentando, no disminuyendo.

## ¿Qué es la "carga viral"?

La expresión «carga viral» se refiere a la cantidad de virus que lleva la sangre de una persona en un momento dado. Con el tratamiento correcto, muchos pacientes pueden reducir su carga a un nivel «indetectable», lo que significa que tienen muchísimas menos posibilidades de contagiar el virus a una pareja sexual.

**La carga viral de una persona es más alta inmediatamente después de la infección y antes de comenzar el tratamiento. En este momento es cuando una persona es más infecciosa.**

## ¿Qué es PEP?

PEP significa **profilaxis postexposición**. Si una persona se ha expuesto al VIH, puede ser tratada con la PEP en un plazo de hasta setenta y dos horas (aunque es preferible que sean veinticuatro) después de la exposición. La PEP no es un sustituto del condón y puede tener efectos secundarios muy desagradables. Sin embargo, aplicada correctamente durante un mes, la PEP puede impedir la infección del VIH. Se puede conseguir en hospitales o en clínicas de salud sexual, donde comprobarán tu nivel de riesgo

## ¿Qué puedo hacer?

El VIH es un asunto de todo el mundo. El VIH no discrimina entre viejos y jóvenes, negros y blancos, activos y pasivos, homos y heteros. Todos tenemos tendencia a creer que «a mí no me va a pasar»... hasta que nos pasa.

Esto puede parecer simplista, pero es cierto. La mejor forma de no pillar VIH es ponerse siempre un preservativo cuando se practica el coito anal (este consejo sirve también para todas las divertidas enfermedades venéreas que he mencionado). Ya veo que ponéis los ojos en blanco...

«Las estrellas del porno nunca se ponen condón.» Cierto, pero se someten a pruebas todos los meses. Incluso así, un reciente brote de VIH paralizó la industria del porno cuando un grupo de actores resultó infectado.

«Es más agradable sin condón.» Vale, es verdad, pero podrías contagiarte el VIH. Y eso no es agradable.

«Él dice que no tiene el VIH.» No puede estar seguro. Aunque se haya hecho la prueba hoy mismo, el resultado que le den solamente reflejará cómo estaba su organismo hace seis semanas, que es el tiempo que tarda el virus en aparecer en la sangre.

Además de utilizar siempre condón, **si eres sexualmente activo, es buena idea hacerse una prueba de VIH cada seis meses.** ¿Por qué? Como he dicho antes, cuando más contagioso eres es al principio. Saberlo cuanto antes reduce las probabilidades de que contagies el virus, y puedes empezar a tratarte también antes, lo que también es bueno para ti.

**Tu salud es responsabilidad tuya.**

# LA HISTORIA DE KRISTIAN

Cada mañana, al levantarme, lo primero que hago después de tirar el despertador al otro lado de la habitación es ir al cuarto de baño, donde me pongo cuidadosamente dos laminillas de plástico en los ojos para poder ver bien.

Sí, soy miope. Escandaloso, ¿verdad? Es decir, si no os lo cuento no lo sabríais. Pero sí, lo cierto es que soy incapaz de ver mi mano delante de la cara si no me pongo las lentillas.

Ser miope no es culpa mía, no es más que algo que me ha ocurrido.

Y una hora después, antes de salir al trabajo, me pongo cuatro pastillas en la palma de la mano y las engullo con un vaso de leche. Para ayudar a que mi sistema inmunitario se las apañe con el VIH.

Así que hay dos cosas de mí que no sabrías con solo mirarme.

A pesar de lo que hayas oído, el VIH ya no es el asesino que era. Siento decepcionar a todo aquel que piense que tengo el mismo aspecto que Tom Hanks al final de *Filadelfia*, pero la verdad es que mi aspecto es totalmente normal. Es posible que algunos incluso digan que algo musculoso, aunque mi afición a las galletas está a punto de echar por tierra el vientre plano que tenía a los veinte años. Ser seropositivo ya no es dramático en la actualidad. Claro que he tenido doce años para hacerme a la idea. No os voy a aburrir con los detalles de cómo me contagié. Eché un polvo sin pensar en las consecuencias. Me creía invencible. No lo era. ¿Era un putón? No. ¿Era un idiota? Rotundamente sí. Recuerdo que me lo diagnosticaron cuando tenía 22 años. Ojalá pudiera decir que me sentí irritado, escandalizado, atónito, desgraciado, histérico o lo que fuera. No fue así. Me sentí como un cliché. Otra maldita estadística. ¿Y por qué? ¿Por media hora de sexo loco sin condón? Sentado allí, en la clínica, me pareció tan… absurdo.

Doce años después, la vida es bastante tranquila y normal. Es decir, ahora mismo mi principal preocupación en la vida es apañármelas con el insomnio crónico y encontrar un camino para ir al trabajo que no consista en ir en coche durante una hora y media por la M25. Pero dejad que ponga algo en claro: el VIH no es un paseo por el parque. A veces es duro. He tenido una relación monógama durante los últimos tres años con un hombre que no tenía VIH. Hizo falta una buena dosis de reflexión antes de hacer de tripas corazón y comprometerme con él. Verás, cuando quieres a alguien, deseas protegerlo, y exponerlo a contraer un virus que no desaparece nunca, solo por echar un polvo, requiere un espíritu fuerte y tener una relación más fuerte todavía. Lo sobrellevamos. Gastamos mucho en condones.

La medicación actual es excelente. Sufro algunos efectos secundarios, uno de ellos el insomnio, y otro la diarrea, pero es algo con lo que he aprendido a vivir. Es como tener una cojera. Mientras no tuve pareja, siempre fui sincero cuando abordaba a los chicos. Suponía que si tenían algún problema con que yo fuera seropositivo, eso decía mucho más de ellos que de mí. Leía perfiles de las páginas de citas que dicen: «Solo limpios» y «Seronegativo, tú también tienes que serlo», y lo único que veía era miedo e ignorancia. Tener relaciones sexuales con un seropositivo no es una sentencia de muerte. En realidad, si el otro te dice que es positivo, es mucho más probable que se preocupe por su salud, se haga revisiones y por tanto tenga niveles indetectables del virus en su sistema. Por decirlo sin rodeos, es mucho menos contagioso. Y si tienes en cuenta que más de una cuarta parte de las personas con VIH no saben que lo tienen, es fácil hacer cálculos. Estar sin medicación significa tener una cantidad incontrolada de VIH y una pareja sexual mucho más infecciosa.

Si le preguntas a mi novio, él prefiere tener una relación con alguien como yo, que tiene el VIH bajo control, a salir de copas un sábado con gente desconocida que puede que no lo sepa o a quien no le importe. Como decía a muchos escépticos de Gaydar y Grindr en mis años de soltero: «No soy la primera persona con la que te has acostado que tiene el VIH; solo soy el primero que tiene el detalle de contártelo».

Si tuviera la oportunidad, ¿volvería atrás y cambiaría las cosas? Quizás. Ojalá pudiera librarme del virus y quedarme con todo lo que he aprendido de él. Verás, de alguna manera me ha convertido en la persona que soy actualmente, y no es un mal tipo. Vivir con el VIH me ha enseñado a ser responsable. Me ha enseñado compasión. Me ha hecho mucho menos egoísta.

A los 22 o 23 años, o cuando fuera, estaba malgastando mi vida. Mi realidad consistía en alcohol, drogas, bares y sexo. Cuando el médico dijo: «Kristian, me temo que tu análisis ha dado positivo», mi mundo cambió para siempre.

Vivir con VIH me ha hecho crecer. Cuando asimilé la noticia, me di cuenta de que no iba a morir. Más aún, me di cuenta de que quería vivir. Quería ayudar a otros como yo. Y de repente mi vida tuvo un objetivo. ¿Suena sensiblero? Contrae una condición vitalicia y seguro que se produce una revelación.

Ahora tengo una profesión, una relación estable y un futuro. Trabajo mucho para acabar con el estigma y aumentar la concienciación sobre todo lo relacionado con el VIH. Ahora me siento orgulloso de mirar a la gente a los ojos y decir quién soy y qué me ha hecho el VIH. Me resulta satisfactorio ayudar a los recién diagnosticados o a los que están luchando. Me enorgullezco cuando veo lo que he conseguido. Un amigo mío heterosexual me envió un mensaje de texto el otro día, diciendo que estaba participando en las pruebas para desarrollar la vacuna. Lo hacía porque mi historia le había abierto los ojos. Me siento orgulloso de eso. Me siento orgulloso de haber inspirado algo así.

El VIH no es una sentencia de muerte. Como he dicho, mi vida es muy normal y, a menos que me atropelle un autobús, calculo que tendré una vida relativamente larga. No voy a mentir diciendo que el VIH es un jardín de rosas, pero en muchos aspectos ha enriquecido mi vida. Realmente espero que un día podamos encontrar una curación. Pero mientras tanto, me encantaría encontrar una ruta más rápida para ir al trabajo…

**LA MEJOR FORMA DE PROTEGERTE DE LAS ENFERMEDADES VENÉREAS ES PONERTE UN PRESERVATIVO CADA VEZ QUE TE ACUESTES CON ALGUIEN.**

Para practicar el sexo oral, algunas personas también utilizan condón o un protector dental.

## SAUNAS Y ORGÍAS

Como este libro es una guía para TODO lo gay, estaría mal no mencionar algo que muchos folletos pasan por alto. En las grandes ciudades de todo el mundo hay lugares que ofrecen servicios a hombres gais que parecen obsesionados por el sexo.

Hay saunas o «casas de baños» desperdigadas por todo el país, y son totalmente legales. La gente (en muchas saunas se organizan noches para lesbianas) paga cierta cantidad de dinero por entrar, darse un baño de vapor y disfrutar del sexo informal.

Repito, esto está bien mientras lo practiques con seguridad.

Dicho esto, añadiré que JAMÁS he oído a NADIE decir: «Éste es Derek, mi marido. Nos conocimos en la sauna Chariots de Vauxhall y fue AMOR A PRIMERA VISTA». Las saunas se consideran lugares un poco sórdidos y la gente suele ir a estos sitios furtivamente. También es cierto que las clínicas de salud sexual tienen que tratar a menudo a personas que han ido a saunas y han salido con algo más que una piel sana y brillante...

La aparición de las aplicaciones para ligar también ha acabado con la necesidad de pagar una entrada. En las grandes ciudades se utilizan a menudo estas aplicaciones para invitar a la gente a una «fiesta» o una «velada de relax *(chillout)*». Estas palabras son eufemismos para referirse a orgías sexuales, así de simple. Suele haber drogas por medio: una estupidez, porque no hay nada que provoque más gatillazos que un elevado número de drogas, por lo que los tíos también tienen que meterse un montón de Viagra. AGOTADOR. Algunos expertos sugieren que hay que culpar a estas fiestas del aumento del VIH, la sífilis y las hepatitis en el ambiente gay. Jesús, ¿recordáis cuando las «fiestas» se celebraban con gelatina, helados y pinchos de salchicha? En fin. Volvamos a nuestro tema. ES EVIDENTE que ir a ligar a una casa llena de desconocidos no es precisamente seguro. Y por el amor de Dios, ponte un condón. Ponte dos.

# SEXO Y AMOR

A los homosexuales nos encanta tener muchos contactos sexuales, pero también nos encanta el amor. Diariamente, por todo el mundo, encontrarás hombres y mujeres gais profunda, TOTALMENTE enamorados y tienen algo mucho mejor que solo sexo. Tienen intimidad, calidez, pasión y AMOR: la NECESIDAD de estar con la pareja. Y también:

## SEXO ≠ AMOR

Puedes tener todo el sexo del mundo, pero eso (bastante literalmente) no llena el mismo agujero. Creo que todos queremos ser amados.

Este capítulo ha tratado sobre el sexo, no sobre la intimidad. No puedes encontrar intimidad en un cuarto oscuro o en Grindr. Más valioso que el sexo puro y duro es cogerte de la mano, besar y abrazar. Estoy seguro de que algun@s de vosotr@s estáis metiéndoos dos dedos en la boca como si fuerais a vomitar, pero ES CIERTO. Muchos LGBT* ni siquiera tienen relaciones sexuales, pero se identifican totalmente como gais, bi o heteros a causa de la persona con la que quieren intimidad y a la que aman. Disfruta del sexo, cómo no, pero si buscas sexo porque tienes sed de amor, te morirás de sed.

# CAPÍTULO 10:

# CREAR EL NIDO

Pregunta: ¿Qué lleva una lesbiana a la segunda cita?

Respuesta: Un camión de mudanzas.

Es uno de los estereotipos más antiguos de los manuales gais (en este caso literalmente, lo que es más bien redundante si te paras a pensarlo). Quizá por no haber hombres que lo embrollen todo, las mujeres llevan mejor el tema de comprometerse. En cualquier caso, hablando de estereotipos, se cree que las lesbianas se lanzan a la fase de la cohabitación en un abrir y cerrar de ojos.

Por supuesto, este, como todos los estereotipos, tiene una pizca de verdad. Bromas aparte, muchas mujeres y hombres LGBT* prefieren las relaciones monógamas, es decir, el compromiso. Esto es algo que desearás que ocurra en un momento u otro, pero, te identifiques como te identifiques, tienes muchas opciones en relación con tu futuro.

Esta decisión plantea en realidad muchos problemas sobre normas, naturaleza y educación. Algunas cuestiones a considerar:

¿Por qué queremos comprometernos?

¿Cómo hacer que dure el amor?

¿Las parejas gais imitan las costumbres heterosexuales?

## ¿ESTAMOS BIOLÓGICAMENTE PROGRAMADOS PARA LA MONOGAMIA O PARA LA PROMISCUIDAD?

# ¿POR QUÉ MOLESTARSE?

Aunque muy pocos mamíferos forman parejas comprometidas y monógamas, parece ser que los humanos estamos programados para ello. Incluso los solterones más empedernidos parecen claudicar al final. Hay un montón de ventajas en una relación estable:

- **Amor:** a veces, la idea de estar sin alguien resulta insoportable. Estar enamorado es como tener un amigo del alma elevado a la enésima potencia. Eso sí, asegúrate de que una persona no se convierte en todo tu mundo: eso nunca es sano, nunca.

- **Compañía:** la vida es larga y solitaria si lo haces todo sol@. La independencia es vital, pero también la compañía. Tarde o temprano tus amig@s irán sentando cabeza, ¿y dónde te quedarás tú?

- **Comodidad:** sí, salir a ligar es cojonudo, pero también los paseos por el parque y leer el periódico en la cama un domingo por la mañana.

- **Sexo:** echar un polvo con alguien nuevo es emocionante, pero tener una pareja que sabe lo que está haciendo es mucho mejor. Además, la monogamia es mucho menos arriesgada en lo que se refiere a enfermedades venéreas, obviamente.

- **Seguridad:** algunas personas se sienten más felices y tranquilas sabiendo que hay alguien especial en su vida, alguien que sabe qué café pedir para ti en el Starbucks sin tener que preguntarte.

- **Economía:** si lo miramos con frialdad, el sistema está preparado para beneficiar a las parejas de todas las orientaciones. Siempre es más práctico disponer de dos ingresos.

Sin embargo, todas estas cosas combinadas no significan nada si estás con una persona que no te conviene.

## NO TENER NINGUNA RELACIÓN ES MEJOR QUE TENER UNA MALA RELACIÓN.

Siempre.

Me temo que no todo son abrazos y mimos. Las relaciones entre personas del mismo sexo están abiertas a las mismas dificultades que las relaciones heterosexuales: engaños, mentiras, celos, malos tratos, chantaje emocional, peleas, conducta controladora. Lo que siempre me ha sorprendido es que haya gente que soporte todas estas cosas solo por miedo a la soledad o porque no le apetece mezclarse en los líos de los bares gais ni de Grindr.

## NOTICIA DE ÚLTIMA HORA: ESTAS NO SON LAS DOS ÚNICAS POSIBILIDADES.

Ya hemos hablado de cómo puedes conocer gente y dónde acudir en busca de citas, pero ¿cómo conviertes una cita en algo más duradero? Estamos hablando de la FASE CASERA.

Este es el momento en el que cambias el estado de tu situación sentimental en Facebook, se lo cuentas a tu madre, te borras de Grindr, etc. Estamos hablando de tener un novio o una novia EN SERIO.

La fase casera es un punto crítico en toda relación (yo lo llamo el momento de «caga o deja el orinal»). Básicamente, se trata de decidir si por la persona con la que estás saliendo vale la pena renunciar a los ligues que te esperan a la vuelta de la esquina. ¿Cómo podrás saberlo?

Bien, este es el motivo por el que quedas con alguien. La gente que tiene prisa por pasar a la fase casera necesita que la calmen. Si quieres salir del mercado, entonces, igual que cuando compras una casa, tienes que hacer una revisión completa antes de firmar.

Sobre todo en el ambiente gay, rodeado por un desfile constante de pectorales, penes, tetas y conejos, es difícil decidirte por un solo individuo, pero si da la casualidad de que la persona con la que estás es amable, divertida, leal, generosa y cariñosa, piensa que todas estas cualidades son difíciles de encontrar en un par de brazos de Grindr o en un bonito culo de bar.

# PROMISCUIDAD CONTRA MONOGAMIA

Ambas actitudes tienen pros y contras.

| PROS DE LA MONOGAMIA | CONTRAS DE LA MONOGAMIA |
|---|---|
| Intimidad | Sin variedad |
| Comodidad | Perder oportunidades |
| Seguridad | Rutina |

| PROS DE LA PROMISCUIDAD | CONTRAS DE LA PROMISCUIDAD |
|---|---|
| Variedad | Soledad |
| Libertad | Que te pongan en la mesa de los bichos raros en las bodas |
| Espontaneidad | Herpes |

Por supuesto, hay parejas que quieren tenerlo todo. Me refiero a las **relaciones abiertas.** Un estudio del año 2010 realizado entre seiscientas parejas gais puso al descubierto que cerca del cincuenta por ciento eran relaciones abiertas, así que no es algo extraño en el ambiente gay.

Una relación abierta es la que tiene una puerta trasera para que otras personas entren y salgan del dormitorio. A veces esto supone formar tríos (o más) con otras personas, o que ambos miembros de la pareja puedan jugar fuera de casa. Con tu pareja toda la intimidad, y con los extras toda la variedad.

Perfecto, ¿verdad? ¡Delicioso! María Antonieta lo habría aprobado. (Para que os enteréis, mucha gente cree que esta señora era bi y que le gustaban las orgías.) Te preguntarás por qué no lo hace todo el mundo.

Hay una teoría muy convincente que dice que la monogamia es una construcción social o religiosa. Recuerda que he dicho que la mayoría de los mamíferos NO se emparejan de por vida, y se podría reconstruir el desarrollo de la monogamia en el planeta siguiendo la ruta de los misioneros cristianos (la misma ruta, dicho sea de paso, que tomaron para explicar a la gente que las relaciones entre personas del mismo sexo eran malas).

Se cree que la monogamia es la mejor manera de proporcionar un hogar estable a los niños, aunque esta perspectiva ya está pasada de moda en un país con la media de divorcios que tiene el nuestro.

Entonces, ¿por qué sigue habiendo monógamos?

En principio, es lo IDEAL. Nadie nos contó de pequeños que poco después de la boda el Príncipe Azul le dijo a Cenicienta que le apetecía acostarse con otras personas. Claro que en el caso de parejas gais con familia se puede entender que es mejor cierto grado de estabilidad. Finalmente, como he dicho antes, no creo que sea del todo posible mantener las emociones fuera de la alcoba...

Al menos parte de los motivos parecen estar relacionados con el control. Sencillamente, es DESAGRADABLE imaginar a la persona amada restregando sus genitales contra la cara de otra persona. La mera idea es suficiente para que muchas parejas se separen.

«Mi novio y yo descartamos tener contactos sexuales con otras personas porque nuestra relación era nueva y poco sólida. Ambos nos fuimos volviendo más celosos y recelosos con el tiempo. A ninguno le gustaba la idea de que el otro se acostara [con terceros], aunque a ambos nos apeteciera».

N., 27 años, Sidney, Australia.

«Yo lo pensé mucho [tener una relación abierta] y la idea me gustaba en teoría, pero lo cierto es que no sería totalmente segura y detestaba la idea de exponer a mi novio a una enfermedad venérea. Por supuesto, veo a otros chicos y me gustan, pero tienes que aceptar que has tomado la decisión de comprometerte con uno solo.»

Ben, 23 años, Manchester.

«Es imposible que yo tenga una relación abierta. Llevo con mi pareja ocho años y tenemos altibajos, pero la quiero y no deseo acostarme con nadie más.»

Jenny, 31 años, Dublín, Irlanda.

Para algunos, engañar es engañar y no hay vuelta de hoja. Los celos y la paranoia son suficientes para hacer que un pene se arrugue como una babosa con sal o una vulva se cierre como una almeja: NO ES SEXY. Para la mayoría, enrollarse con otros es motivo de ruptura y tienes que respetarlo o buscar una pareja más compatible.

Sin embargo, todo el mundo (gay o no gay) ha de reconocer que existe una verdad universal:

## TODOS QUEREMOS FOLLAR CON MUCHÍSIMAS PERSONAS.

Deja que te lo explique. No TODOS queremos engañar a nuestras parejas o ser promiscuos, pero (por favor, corrígeme si me equivoco, aunque sé que estarás mintiendo) cuando vemos a alguien que nos gusta, ¡no podemos evitar que nos guste! Poco falta en esos casos para que los ojos se nos salgan de las órbitas, porque no podemos hacer nada al respecto.

Así pues, todo se reduce a un control de impulsos. Si todos aceptamos que es algo natural tener impulsos, estamos lo bastante evolucionados para saber pisar el freno a tiempo.

Pero, para algunas parejas, la idea de tener que reprimir los impulsos es una locura, así que se conceden mutuamente la libertad de actuar de acuerdo con sus deseos.

En la mayoría de relaciones abiertas hay ciertas NORMAS que a menudo incluyen:

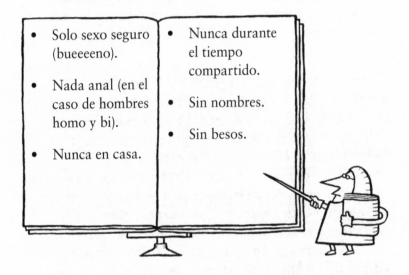

- Solo sexo seguro (bueeeeno).

- Nada anal (en el caso de hombres homo y bi).

- Nunca en casa.

- Nunca durante el tiempo compartido.

- Sin nombres.

- Sin besos.

No repetir el acto (un solo polvo y se acabó).

Aunque, con tantas normas, uno debería preguntarse cuánta «libertad» tienen realmente las parejas.

## LA HISTORIA DE JAY

Mi pareja y yo llevamos juntos ocho años. Somos pareja de hecho legalizada y vivimos juntos en nuestra casa; en resumen, estamos totalmente «establecidos». Somos buenos amigos, además de pareja, y nos conocemos muy bien.

Hace unos años, ambos decidimos que podíamos vernos con otras personas si surgía la oportunidad. No es que decidiéramos salir corriendo para tirarnos al primer tío que viéramos, sino que más bien fue: «Si se presenta la ocasión, no es ningún problema». Hay normas: no está permitido llevar a casa a nadie (a menos que liguemos juntos); no pasar la noche en casa de otro; y siempre que suceda algo hay que contarlo.

En cuanto a por qué elegimos esta solución, la primera razón es evidente: la novedad. Además de que obviamente es muy divertido, el sexo puede ser también una experiencia de aprendizaje y algo terapéutico, y en la variedad está el gusto. Aunque seguíamos comprometidos y confiábamos totalmente el uno en el otro, descubrimos que salir con otros no solo enriquecía nuestra vida sexual, sino que fortalecía nuestra unión. Otra razón es que ahora, al mirar atrás, y todavía con veintitantos años, casi me parece anormal comprometerse con alguien para tener relaciones sexuales, en particular en el caso de las parejas gais, para quienes (en muchos casos) no existe la perspectiva de tener hijos y establecerse en el sentido tradicional. (Mi pareja y yo tenemos muy claro que no queremos tener hijos. Nunca.)

# AMOR DE JUVENTUD

Muchos jóvenes LGBT* quieren tener relaciones estables. Después de todo, la intimidad parece estupenda, ¿no? Pues sí, pero recuerda que no tener una relación es mejor que tenerla únicamente porque todo el mundo la tiene. ¿Saltarías por un precipicio solo porque te lo dicen tus amigos? (RESPUESTA: ¿Qué altura tiene el precipicio en cuestión?)

Cuando visito escuelas, veo que en casi todas hay al menos una «pareja gay» y, cosa importante, al resto de alumnos les importa un comino. Las escuelas están obligadas por ley a ser un espacio seguro para todos los alumnos, así que EN TEORÍA puedes tener una relación con un compañero de clase. En la práctica, las escuelas varían ampliamente de una a otra y algunas son mucho mejores que otras a la hora de lidiar con el acoso homófobo.

Fuera de la escuela no hay nada que te impida tener novio o novia. Algunas parejas treintañeras que conozco se conocieron en la escuela y ¡siguen juntas en la actualidad!

Sin embargo, poca gente acaba liándose con su amor de la infancia, y no todo el mundo es lo bastante maduro emocionalmente para tener una relación seria cuando está en el colegio o en el instituto. Los primeros novios o novias, sin embargo, son MAGNÍFICOS porque te dan una idea de lo que es tener una relación, te enseña a comprometerte y te permite determinar qué te gusta y qué no.

# EL "MATRIMONIO GAY"

¡Por fin! Después de que tantísima gente que no es LGB ni T (¿qué tendrán que decir estos metomentodos sobre este asunto?) ha hablado tantísimo, las parejas homosexuales por fin pueden casarse en España. Ha sido necesario librar una batalla tediosa y aburrida, pero en este momento las parejas gais tienen algo parecido a una diminuta igualdad.

Echemos un vistazo a los acontecimientos:

- A finales de la década de 1990, algunas comunidades autónomas aprobaron una legislación sobre parejas de hecho. Es decir, que en ciertas comunidades autónomas las parejas formadas por personas del mismo sexo podían registrar su unión y obtener algunos beneficios administrativos. La primera comunidad en aprobarla fue Cataluña en... 1998.

- 2004: se presenta el proyecto de ley sobre el matrimonio homosexual para poder modificar el Código Civil y que éste sea incluido. El Congreso aprobó dicha ley en 2005, convirtiéndose en el tercer país del mundo en legalizar el matrimonio homosexual después de los Países Bajos y Bélgica.

- 2005: el 11 de junio de ese año se celebra la primera boda homosexual en España, en la Comunidad de Madrid

Procesos similares se han llevado a cabo en otros países europeos, pero también en el resto del planeta. Algunos territorios han despertado a los derechos básicos humanos de los LGBT*, mientras que otros no. De momento, los lectores de Australia NO PUEDEN casarse, mientras que los de Estados Unidos han de saber que PUEDEN casarse en diecisiete estados, a los que esperemos que pronto les sigan muchos más.

Para la mayor parte del mundo occidental, la marea parece que va a nuestro favor. ¡Alégrate! Tanto si te quieres casar como si no, creo que todo el mundo debería tener derecho a las mismas instituciones. La comunidad LGBT* está dividida en este tema, y no es de extrañar, dado que las mencionadas instituciones han venido fastidiándonos históricamente.

Recordemos que los matrimonios homosexuales son también legales y están reconocidos en los Países Bajos (desde 2001), Bélgica (desde 2003), Canadá (desde 2005), Sudáfrica (desde 2006) Suecia y Noruega (desde 2009), Portugal, Islandia y Argentina (desde 2010), Dinamarca (desde 2012), Francia, Nueva Zelanda y Uruguay (desde 2013), Luxemburgo, Reino Unido y Finlandia (desde 2014)... Como he apuntado antes, en algunos estados de Estados Unidos también es legal, así como en estados de México y de Brasil. En otros países existe el reconocimiento de la unión civil, pero no del matrimonio propiamente dicho.

«Estoy totalmente a favor [de los matrimonios entre personas del mismo sexo]. Creo que el término medio de "unión civil" era simplemente un peldaño en la consecución de la igualdad total para la comunidad LGBT*. El amor es el mismo, sea cual sea la orientación sexual, y el matrimonio no pertenece a ninguna organización, ni religiosa ni de ningún otro tipo. Es una institución social humana y debería estar abierta a todas las parejas que quieran comprometerse. Sí, si me lo pide el hombre adecuado, ¡me encantaría tener un marido!»

Mike, Londres.

«No veo diferencia alguna entre el matrimonio gay y el hetero, y no puedo creer que en el siglo xxi la gente todavía haga diferencias entre ellos. El matrimonio es el matrimonio, el amor es el amor.»

MJ, Reino Unido.

«Apoyo totalmente la igualdad de derechos para la comunidad LGBT*, incluido el derecho al matrimonio. El matrimonio homosexual es legal en mi país, Sudáfrica, desde hace siete años y la sociedad todavía no se ha desmoronado. Me encanta la idea de casarme algún día, si soy sincero, porque me encantan las bodas.»

Stephen, 22 años, Johannesburgo, Sudáfrica.

«Apoyo totalmente el matrimonio entre parejas del mismo sexo. Y encuentro los argumentos en contra totalmente ridículos. Puede que suene duro, pero hay una razón muy simple: que dos personas del mismo sexo se casen o no, no tiene ningún impacto en las vidas o matrimonios de nadie más. Literalmente, ni el más mínimo impacto. Y eso es todo. No es asunto de nadie más, así que no tiene sentido oponerse. Personalmente, yo no quiero casarme, pero para mí es importante saber que si cambio de idea tengo la posibilidad de hacerlo».

Anna, 17 años, Alemania.

«La verdad es que el tema no me preocupa mucho. Para mí solamente se trata de un asunto legal/práctico. Tanto alboroto y sentimentalismo no tiene ningún significado para mí cuando puedes divorciarte y anularlo todo si cambias de idea.»

L., 28 años, Brighton, Reino Unido.

Lo esencial es esto: si quieres casarte en países como España, Argentina, Reino Unido (Inglaterra, Gales y Escocia, pero no en Irlanda del Norte a principios de 2014) o Francia, puedes hacerlo. Ya seas hombre, mujer, gay, hetero, bi o curioso. A mí me parece bien. Estoy algo mosqueado porque nadie me lo ha pedido. AQUÍ ESTOY, SENTADO CON MI TRAJE DE BODA. La Ley de Matrimonio (entre Parejas Homosexuales) es fabulosa también porque protege a los trans. Si te casas con alguien y tú o el otro cambiáis de género, el matrimonio seguirá vigente.

# GAYJOS

Espero que no os extrañe que os diga que dos hombres o dos mujeres necesitarán algo de ayuda a la hora de tener un hijo. ¿QUEEEEEEEEÉ? Lo sé, es cierto. Me temo que necesitarán un suplemento, a saber, un óvulo o semen.

Sin embargo, se trata de una diminuta barrera para impedir que parejas del mismo sexo tengan una familia, y muchas eligen hacerlo. Repito, es un tema de IGUALDAD. El hecho de que nos atraiga quien nos atrae no significa que no se nos concedan los mismos derechos que a la mayoría.

Al igual que con el matrimonio, éste es un tema polémico (no entiendo por qué: estamos en el siglo XXI).

«Me encantaría ser padre algún día. Pero siendo gay y soltero, dudo que pueda ocurrir.»

Stuart, 33 años, Brighton, Reino Unido.

«Creo que los que lo meditan y luego toman la decisión de tener hijos son siempre mejores padres que quienes los tienen simplemente porque "es lo que se hace".»

Fi, 29 años, Madrid.

«Creo que los buenos padres son necesarios en todas partes; su intención no es otra que proporcionar una buena vida a un niño. A mí me encantaría adoptar un niño cuando tenga una relación estable y una buena situación económica. Preferiría adoptar a tener un hijo propio. No me gusta la idea de quedarme embarazada, pero tengo instinto maternal y sé que por ahí hay muchos niños que necesitan un hogar y cariño.»

Blaz, 34 años, Bristol, Reino Unido.

Ninguno de los argumentos contra la paternidad gay tienen mucho sentido, porque básicamente parece que hay dos categorías: 1ª, "Los niños necesitan una madre y un padre porque proporcionan diferentes cosas a la familia"; para mí esto tiene tanto sentido como decir: "Los niños necesitan un padre músico y otro científico" o "Los niños necesitan un padre gracioso y otro muy serio". Por supuesto, personas diferentes aportarán cosas diferentes a la educación de un niño, pero insisto, que tengan que ser un hombre y una mujer es cosa del azar. El argumento "naturaleza" tampoco se sostiene. 2ª, "Los niños serán acosados en la escuela si tienen padres gais". Los niños pueden ser acosados por varias razones y eso no es motivo para oponerse. Con el tiempo, tener padres gais será tan normal como tener padres divorciados.»

L., 28 años, Brighton, Reino Unido.


L. tiene mucha razón. Los argumentos en contra de que las parejas gais tengan hijos no se sostienen. Básicamente NO HAY RAZÓN EN EL MUNDO por la que no debamos tener familia. «¡Oh, pero se meterán con ellos!», gritan los lectores homófobos aferrándose a sus perlas. «Solo vosotros, soplagaitas de mente estrecha», responde el resto del mundo.

Dos padres cariñosos = dos padres EXTRAORDINARIOS, independientemente de su orientación sexual o de su género. ¿Entendido? Estupendo.

# CÓMO TENER UN NIÑO AL ESTILO GAY

**1. Donación de semen:** una pareja de mujeres puede utilizar semen donado para quedarse embarazada. Se recomienda que el zumo del amor se adquiera en algún banco de semen homologado, ya que lo habrán analizado por si tiene alguna enfermedad venérea o anomalía genética. Durante un tiempo, la madre no biológica no podía reconocer legalmente a la criatura y tenía que iniciar los trámites de la adopción. En 2006, se modificó la Ley de Reproducción Asistida para que la madre no biológica pudiera reconocer a los niños nacidos en el seno de un matrimonio entre dos mujeres.

«Siempre he querido tener familia y nunca pensé que el ser gay fuera un impedimento. Conocí a mi pareja hace nueve años y, después de nuestra unión civil en 2009, empezamos a hablar de crear una familia. Ambas sabíamos que queríamos tener hijos, pero no habíamos decidido el modo de hacerlo, ya que como lesbianas hay varias opciones. Las consideramos todas: donante conocido, donante desconocido, adopción, etc. Discutimos todas las opciones, nos reunimos con un planificador familiar y hablamos con amigos. Y finalmente escogimos el método que nos resultaba más cómodo a ambas. Mi pareja tendría los niños con un donante desconocido, pero abierto, que seleccionamos en una clínica de Nueva York. Ahora tenemos una preciosa hija de 18 meses y no podríamos ser más felices. Ambas trabajamos cuatro días a la semana y ambas la cuidamos un día a la semana. Apreciamos la igualdad de nuestra relación y que ambas nos sintamos realizadas profesional y personalmente como madres.»

Charlotte, Londres.

**2. Paternidad compartida:** tradicionalmente, se trata de cuando un hombre y una mujer gais forman equipo y crían, juntos, a un niño. Quizá compartan la custodia entre parejas gais. No siempre hay dos padres gais; uno de ellos puede ser heterosexual. Sin embargo, como sabrán quienes hayan visto *Algo casi perfecto*, el bodrio de Madonna, conviene tener un abogado a mano para comprobar que el acuerdo es legal.

**3. Vientre de alquiler:** a veces los hombres gais (o las mujeres que no quieren quedarse embarazadas) pueden contratar a alguien para que lleve un óvulo que ha sido fertilizado. Esto es muy difícil de conseguir en la mayoría de países. Legalmente, el sistema no lo pone nada fácil. Por ejemplo, los futuros padres no pueden poner un anuncio para buscar un vientre de alquiler, ni pueden pagar a una mujer más que los gastos que comporte el embarazo. Al final del embarazo, además, la madre de alquiler no está obligada a entregar al niño, lo que significa que el proceso está lleno de incertidumbre.

**4. Adopción:** la adopción ya es posible para parejas gais y lesbianas de Gran Bretaña, España y otros países, y las autoridades y agencias locales están deseando tener padres nuevos. El problema con la adopción es que muchos niños que necesitan padres adoptivos vienen de ambientes traumáticos y a menudo pueden tener problemas de conducta.

Así que, como podéis ver, ser padres y del mismo sexo tiene que ser algo de lo que realmente estéis convencidos. A mí no me parece muy justo que los heteros solo necesiten olvidarse de ponerse el condón para que BUUUUM, tengan familia. Pero ay, así están las cosas.

Ser padres, si quieres embarcarte en esta aventura, es el regalo más extraordinario que puede dar un ser humano.

# LA HISTORIA DE MATHEW

Mathew, su pareja y su familia vivían en Sudáfrica, pero llevan unos años viviendo en Londres.

Nuestro deseo de tener una familia no es nada extraño. Creo que es un deseo que tiene mucha gente en mayor o menor medida. Nuestro problema era que la única forma de conseguirlo era contratando una madre de alquiler. Sabíamos que sería difícil y costoso, tanto económica como emocionalmente. Pero nuestro deseo de tener una familia era fuerte y esto nos permitía seguir adelante.

Tener hijos con una madre de alquiler implica, a grandes rasgos, dos opciones: o utilizas los óvulos de la madre de alquiler o recurres a una donante de óvulos. La decisión de optar por una u otra tiene sus pros y sus contras, y al final elegimos la segunda: conseguir un óvulo que no fuera de la madre de alquiler. Buscamos a tres personas que nos ayudaran en nuestro viaje. Necesitábamos un trabajador social que nos ayudara con todos los requisitos legales, una donante de óvulos y una madre de alquiler. Además, necesitábamos un servicio que contara con un laboratorio. Con ayuda de amigos y conocidos conseguimos encontrar una madre de alquiler que estaba dispuesta y cumplía nuestras necesidades. Además, nos pusimos en contacto con un trabajador social voluntarioso y muy práctico y, a través de la clínica de fertilidad y gracias a la inestimable ayuda de la enfermera que nos asignaron, apareció una donante de óvulos, así como un centro con el material necesario para proceder a la inseminación.

Cuando todas estas personas estuvieron listas, nos reunimos con un abogado especializado que nos ayudó a redactar un contrato con la madre de alquiler y todo lo que el asunto comportaba. La situación legal actual es diferente que cuando redactamos el contrato, pero había ciertos requisitos que teníamos que cumplir, incluidos los acuerdos médicos, económicos, etc., para el proceso de adopción que tenía que realizarse después del nacimiento del bebé.

Cuando todo estuvo preparado, la clínica llamó a la donante y a la madre de alquiler para ponerles una serie de inyecciones y asegurarse de la sincronización de sus ciclos. Todo parecía ocurrir muy deprisa después de los años que habíamos pasado buscando una madre de alquiler y los meses de programación y organización. A la donante se le extrajeron ocho óvulos y a nosotros nos llamaron para entregar una muestra de semen. Unos días después, teníamos varios embriones sanos y listos para ser implantados en la madre de alquiler. Con la llegada del gran día, estábamos los dos nerviosos y emocionados. También estábamos entusiasmados, porque queríamos tener mellizos; después de todo lo que costó llevar a buen término todos los preparativos, tener mellizos nos parecía algo ideal.

Estuvimos presentes en la inseminación y le dijimos al doctor que implantara tres embriones para aumentar la posibilidad de tener mellizos. Pero el doctor pensaba que las manchas de las ocho células que podíamos ver en la pantalla eran de excelente calidad y al final se decidió a implantar solo dos embriones. En su opinión, la posibilidad de tener mellizos era del treinta por ciento. Así que esperamos a que el embarazo diera positivo con la ilusión de que pudieran prosperar los dos embriones implantados.

Al cabo de siete días, nos llamó la madre de alquiler para decir que se había hecho la prueba del embarazo en casa y había dado positivo. Unos días más tarde, fue a la clínica, donde un análisis de sangre confirmó el embarazo. A las seis semanas, fuimos con la madre para que se hiciera la primera ecografía. Fue un momento emocionante, y nuestra emoción se duplicó cuando el doctor confirmó que esperábamos mellizos. Tuvimos la suerte de que se quedara embarazada a la primera.

El embarazo fue de lo más emocionante. Esperábamos que el embarazo fuera viable, que ambos mellizos estuvieran bien y que todo llegara a buen fin. Pasó una semana tras otra con ecografías regulares y contacto habitual con la madre de alquiler. Dos incidentes requirieron hospitalización de la madre durante un corto espacio de tiempo, pero en general el embarazo transcurrió de forma apacible y tranquila. Nuestros niños crecían bien y sabíamos que estábamos esperando dos niñas. Durante este tiempo empezamos a prepararles la habitación y asistimos a multitud de seminarios para padres de mellizos que eran informativos, pero que ponían los pelos de punta.

Llegamos a las treinta y ocho semanas (el plazo estimado para mellizos) y ya nos asignaron una fecha para el parto. La noche anterior visitamos a la madre de alquiler en el hospital. Estaba emocionada y nerviosa, al igual que nosotros.

La mañana siguiente llegamos temprano al hospital, nos pusimos la bata de quirófano y entramos.

El parto fue rápido y nos dieron a una niña y luego a la otra. Pesaron 2,1 kg y 1,9 kg, eran muy pequeñas, pero perfectas y sanas. El alivio fue inmenso. Las llevamos a la sala de maternidad, donde permanecimos los dos durante la estancia de las niñas en el hospital. Nuestras hijas seguían creciendo bajo los cuidados de las maravillosas enfermeras, y al cabo de cuatro días y un sinfín de visitas, nos fuimos a casa con Erin y Ariella. Tener mellizas ha sido una experiencia maravillosa y un desafío. Las dos niñas están muy bien y crecen con rapidez. Ahora tienen 6 años y están en primer curso de la escuela.

Hemos pensado detenidamente en cómo contar nuestra historia familiar, tanto a ellas como al resto del mundo. Decimos que nuestra familia tiene dos padres, como muchas otras, y nuestra relación gay ha influido a la hora de asignar los roles parentales según nuestras habilidades respectivas, lo que ha sido liberador. Aunque, por supuesto, mucha gente no está familiarizada o siente curiosidad por una familia gay como la nuestra, en general hemos encontrado cariño y apoyo la mayor parte de las veces, y nuestras hijas están desde luego muy bien integradas en su escuela y en su comunidad. Por suerte, cada vez hay más libros infantiles que rompen con los estereotipos sobre heteronormativa y normativa de género, y esto ha sido de gran ayuda tanto para nuestras hijas como para los niños que van a la escuela con ellas.

Nos embarcamos en la aventura de tener hijos a través de una madre de alquiler hace muchos años, y hoy parece que somos como cualquier otra familia, con los retos cotidianos que muchas afrontan. Lo que sabemos ahora es que ser gay no significa que no puedas tener una familia propia.

# CAPÍTULO 11:

# SOMBREROS

Cuando sales del armario o te presentas en público con una nueva identidad, como LGBT* o como superfán de *Pasarela a la fama*, es una novedad y es posible que, una vez pasados los nervios iniciales, te surja el deseo de gritarlo a los cuatro vientos. Y deberías hacerlo, porque finalmente estás orgullos@ de ser quien eres.

Yo ya estoy orgulloso de ti.

Hay días en los que pienso: «Joder, la vida sería mucho más fácil si fuera hetero», pero esos días son pocos y muy de vez en cuando. Me encanta ser gay. Me encanta mi libertad. Me encanta crear mis propias normas. Me encanta no tener secretos con mis amigos y mi familia. Me encanta formar parte de una subcultura y de un grupo minoritario. A veces recuerdo los años difíciles del instituto y siento lástima por lo obtusos que eran algunos de mis acosadores. Ahora los veo y me río de lo tristes y DIMINUTAS que parecen sus vidas a consecuencia de aquello.

Sin embargo, termino con una advertencia:

## TU IDENTIDAD NO ES UNA DEFINICIÓN.

Te estás uniendo a un asombroso club global lleno de gente alucinante, pero tú sigues siendo tú, y eres mucho más que lesbiana, gay, bisexual, *queer* o trans.

Bien, necesitas imaginar que eres algo con muchas partes, por ejemplo un ARPA o un CALAMAR. Eres totalmente libre de inventar tu propio ejemplo. Básicamente eres un CALAMAR ARPA y uno de tus tentáculos o cuerdas es lesbiana, gay, etc., pero tienes muchas más partes.

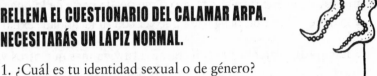

## RELLENA EL CUESTIONARIO DEL CALAMAR ARPA. NECESITARÁS UN LÁPIZ NORMAL.

1. ¿Cuál es tu identidad sexual o de género?

_____

2. ¿Cuál es/era tu asignatura preferida en el instituto?

_____

3. ¿Qué cocinas cuando quieres impresionar a alguien?

_____

4. Escribe alguna buena frase de un libro o película.

_____

5. Cuéntame algo de ti que solo sepa tu madre.

_____

6. ¿Cuál es tu habilidad secreta?

_____

7. ¿Qué actor te encarnaría en una película sobre tu vida?

_____

8. Si pudieras hacer cualquier trabajo, ¿cuál sería?

_____

9. ¿Quién es tu mejor amigo (real o imaginario)?

_____

10. ¿Dónde te ves dentro de cinco años?

_____

Eres una persona compleja y con múltiples facetas. Sí, tú.
Aunque pierdas tanto tiempo como yo viendo *Next top model*
mientras comes chocolatinas, eso sigue siendo parte de lo que te
convierte en TI y no tiene nada que ver con tu identidad sexual.

Algunos de tus tentáculos afectarán a tu vida más que otros y,
francamente, unos son un poco más pesados que otros.
Además de ser gay, por ejemplo, podrías ser asiático,
físicamente discapacitado y bailarín de claqué. En este caso,
ser bailarín de claqué, aunque te guste, no tiene por qué
definirte tanto como los otros tres rasgos. A esto se le llama
**interseccionalidad**: el estudio de cómo influyen en tu vida
todas estas identidades solapadas.

Sin embargo, el hecho es que identificarte simplemente como
gay, lesbiana, *queer* o trans no va a llevarte muy lejos por sí
solo. Entrar en el ambiente gay es divertido, pero no es una
forma de vida ni, para la mayor parte de la gente, una
profesión. Para ser sincero, no es muy saludable pasar todas
las horas del día pensando dónde vas a conseguir tu próximo
orgasmo.

Lo que estoy diciendo es que, ahora que ya has dejado clara tu
identidad, tienes que seguir con tu vida. Una vida completa en
la que ser LGBT* es solo una pequeña parte. Abre el periódico
de hoy por la sección de anuncios de trabajo. Apuesto a que no
hay ningún anuncio que ocupe toda una página y diga: SE
NECESITA PERSONA GAY PARA SER GAY. 40 HORAS A
LA SEMANA CON HORAS EXTRAS REMUNERADAS.

Me temo que, además de ser LGBT*, estás en el mundo real
con todos los demás. Así que ahora que hemos utilizado este
libro para hablar de tu identidad, hemos de prestar atención a
asuntos mucho más trascendentes. Tu futuro, tu profesión, tu
familia, tus hijos, tus aspiraciones y ambiciones. Tus
esperanzas y sueños.

Por supuesto, tu vida amorosa es una parte, merecidamente grande, de la tarta de tu vida, pero si dejas a un lado la homosexualidad, estás en la misma feria de encuentros y relaciones que todos los demás. Todos tenemos las mismas penas, primeros amores, desengaños, momentos de POR QUÉ NO ME DEVUELVE LOS MENSAJES, citas desastrosas y besos magníficos.

Este es el mensaje final. NO estamos librando una guerra sin cuartel contra «LOS HETEROS». No se trata de eso, en absoluto. Sí, hay heteros homófobos por ahí, pero también hay gais profundamente homófobos. No vayas por el mundo real pensando que todos los heteros te odian, porque no es cierto, y por ese camino solo acabarás limitándote a los guetos esencialmente LGBT*.

Conforme la comunidad LGBT* gana terreno en la igualdad de derechos y más visibilidad en los medios de comunicación, la división entre gais y heteros se va reduciendo. La generación de personas de mente estrecha está desapareciendo para ser reemplazada por adolescentes que han crecido con Will Young, Graham Norton, Ellen DeGeneres o Jesús Vázquez. Al menos en Occidente, aunque nos queda un largo camino por recorrer, las cosas para los LGBT* están mejor que nunca.

Sin embargo, no quiero que te sientas demasiado cómodo. El capítulo más duro de este libro fue el de la situación política en diferentes partes del mundo. Casi todos los países están cambiando a mejor, pero algunos regímenes están cambiando a peor. TÚ tienes que luchar contra eso, porque nuestro querido Peter Tatchell* no va a estar siempre ahí. Sí, TÚ. TÚ tienes que echar una mano. Detrás de este libro están grupos y asociaciones como Stonewall, Amnistía Internacional, Kaleidoscope, el Terrence Higgins Trust, que tienen sus

---

* Activista británico por la igualdad de derechos de los LGBT*.

homólogas en muchos otros países. En España, por ejemplo, existe COGAM, BrotBord o Fundación Triángulo. Ayúdalos. Con cada generación las cosas mejoran para los LGBT*, ¿qué vas a hacer TÚ para que siga siendo así?

Me gusta pensar que, en poco tiempo, te presentarás a ti mismo como «bailarín», «fan», «amigo», «escritor» o «entrenador personal» antes de decir «Me llamo Bob y soy gay». Los heteros nunca tienen que hacerlo y nosotros tampoco deberíamos.

Enorgullécete de ti mismo. Tienes muchos sombreros diferentes. Llévalos todos con orgullo. Esta época es muy emocionante para ser LGBT*: las cosas cambian continuamente y evolucionan, y yo, por ejemplo, me muero de ganas de ver qué será lo siguiente.

# CAPÍTULO 12:

# GUÍA PARA RECONOCER A TUS SANTOS GAIS

Como individuo tendrás una amplia y variada cantidad de gustos en todos los campos, musical, artístico, político, teatral... Sin embargo, hay mucha gente (así como películas y programas de televisión) que transcienden la fama normal para convertirse en algo mucho más especial: en ICONOS GAIS, y eso incluye también iconos para lesbianas y trans.

Aunque estos iconos no tienen por qué ser LGBT\*, es difícil averiguar por qué los LGBT\* les hacen un sitio en su corazón. ¿Es la estética? ¿Es el glamur? ¿Es la tragedia personal o la superación de las dificultades? ¿Es la bondad o la comprensión de nuestra causa?

Desde luego, parte de la diversión es crearte tus propios iconos. Unas veces nos fijamos en nuestros padres en busca de estímulo y otras se trata de un buen amigo. Es inevitable que te inspiren... pero ¿quién te inspira?

Hay unas cuantas fuentes de inspiración con las que casi todos coincidimos, y se han asociado o incrustado en la cultura gay, así que debes ponerte al corriente, aunque solo sea para formarte una opinión.

Señoras y señores, les presento un breve diccionario de iconos gais, junto con algunos de sus grandes entusiastas y defensores de Twitter.

## A

**ABBA:** grupo pop sueco, consagrado por Eurovisión, la madre de todo lo *camp*. @mytentoryours – ABBA. No preguntes por qué, limítate a *bailtar* (que es una mezcla de bailar y cantar).

**Buck Angel:** estrella porno multitatuada que fue mujer y hoy es hombre, director de cine y activista.

# B

***Beautiful thing*** (estrenada como *Dulce amistad* en España): película de 1996 escrita por el dramaturgo y guionista Jonathan Harvey. Cuenta una historia de amor increíblemente dulce entre dos muchachos en unas viviendas de protección oficial de Londres.

**Beyoncé:** mira, cuando se te conoce en todo el mundo por el nombre de pila, te conviertes en icono indiscutible de manera automática.

**Chas Bono:** no solo salió del vientre de Cher, sino que es el transexual FTM más destacado del planeta.

**David Bowie:** el bisexual más famoso de la lista y el responsable de haber puesto el género *queer* y la androginia en primer plano. Un auténtico icono.

***Brokeback Mountain*:** desgarradora película, ganadora de tres Oscars, sobre dos pastores gais.

# C

**Cher:** Oh, Dios mío, es simplemente CHER. CHER.

*Chicas Malas*: los diálogos de esta película forman el ochenta y siete por ciento de cualquier conversación entre hombres gais.

**Chris Colfer / Darren Criss**: su interpretación del encantador estudiante de *Glee* introdujo a los gais en el día a día de la juventud estadounidense.
**@charlieinabook – Chris Colfer: 23 años, autor, actor, guionista, buena persona.**

**Joan Crawford**: Si su papel en *Qué fue de Baby Jane* no te convence, lo hará el retrato que hacen de ella en *Queridísima mamá.* ¡TINA! ¡TRÁEME EL HACHA!

**Quentin Crisp**: escritor y anecdotista que alcanzó la fama con su libro *El funcionario desnudo*. El padrino de lo fabuloso.

# D

**Tom Daley**: nadador olímpico que en 2013 anunció que tenía una relación con Dustin Lance Black, el guionista de la película *Mi nombre es Harvey Milk*. Daley se negó a etiquetar su sexualidad. Qué moderno.

**Bette Davis**: la otra mitad de la pareja de *Qué fue de Baby Jane*, a la que alude Madonna en su rap «Vogue».

**James Dean**: el torturado actor es considerado como el modelo del *look* típico de las lesbianas.

**Ellen DeGeneres**: probablemente la lesbiana más famosa del mundo. Ellen salió del armario en un programa de televisión, en directo, y ahora está casada con Portia de Rossi, la actriz de *Ally McBeal* y *Arrested Development*.

**Marlene Dietrich**: diosa bisexual de la gran pantalla, conocida por su estilo de mujer fatal vestida de hombre.

**Beth Ditto:** abiertamente gay, sin pelos en la lengua, cantante del grupo Gossip y además icono de la moda.
**@charlieinabook Beth Ditto: incorregible, estimulante, gran cantante y abierta.**

**Divine:** desenfrenada *drag queen*, murió demasiado joven. Estrella de John Waters en películas escandalosas como *Pink Flamingos, Hairspray* y *Cosa de hembras.*

*Doctor Who*: a los hombres gais les encanta la idea del hombre que nunca envejece, nunca sienta cabeza y siempre va acompañado por mujeres hermosas. No sé por qué. Y también sale el capitán Jack Harkness, un icono bisexual por derecho propio.

## E

**Epi y Blas:** la pareja de *Barrio Sésamo* finalmente salió del armario en la portada del *New Yorker* mientras el Tribunal Supremo de Estados Unidos declaraba inconstitucionales algunos artículos de la Ley de Defensa del Matrimonio en 2013.

## F

**Jodie Foster:** icono lésbico mucho antes de que saliera oficialmente del armario en un extraño discurso pronunciado durante la entrega de unos premios en 2013.

**Stephen Fry:** muy querido por su activismo, su ingenio y su sinceridad sobre la salud mental.
**@_Buachaill_Dana – Stephen Fry, inteligencia brillante, no juega con estereotipos y único responsable de promover Grindr públicamente en el Reino Unido.**

## G

**Judy Garland:** considerada por muchos como el icono gay definitivo, Garland lo tiene todo: belleza, voz, referencias *camp (El Mago de Oz)* y una decadencia trágica.

## H

**Kathleen Hanna:** líder del movimiento Riot Grrrl y miembro de los grupos de simpatías *queer* Bikini Kill y Le Tigre.

## I

**Dana International:** otra hija de Eurovisión, Dana fue (y posiblemente es) la transexual MTF más famosa de los medios de comunicación.

## J

**Elton John:** el extravagante cantante y pianista, más conocido ahora por su activismo y entrega a su fundación de ayuda a las víctimas del VIH/sida.

**Grace Jones:** *camp*, excéntrica, supermoderna. Una instalación artística viviente y precursora de Lady Gaga.

## K

**Billie Jean King:** la primera deportista profesional que salió del armario, en 1981.

## L

*The L Word:* teleserie pionera y explícita sobre unas lesbianas que viven en Los Angeles. En España se estrenó bajo el nombre de *L* y en Latinoamérica como *La palabra L.*

**Lady Gaga:** aunque no ha hecho nada que David Bowie, Grace Jones o Madonna no hubieran hecho ya décadas antes en términos musicales y de estilo, Lady Gaga fue la primera gran estrella (bi) del pop que se comprometió con el activismo gay.

**k d lang:** cantante gay e icono lésbico.

**Annie Lennox:** aparte de su pasado como estrella del pop andrógino de género flexible, Lennox es promotora de fundaciones de ayuda a las víctimas del VIH/sida.
**@adamswainston – Annie Lennox by far. Modelo a seguir por muchas razones.**

## M

**Macklemore:** este rapero (QUE ADEMÁS ES MUY ATRACTIVO) llamó al orden al mundo del hip-hop por la homofobia con su canción «Same love», de 2013.

**Madonna:** Madonna se ha convertido en algo así como un símbolo de la fortaleza femenina: hace lo que quiere, dice lo que quiere y se viste como le da la gana. A los hombres gais parece que esto les gusta mucho.
**@MrSeras – MAWDOOOONA! Creo que nadie ha hecho más por animar a expresar todas las facetas de la sexualidad.**

**Ricky Martin:** todos sabíamos ya que era gay, pero desde que salió del armario, la sensación del pop latino es el nuevo emblema de la paternidad homosexual.

**Armistead Maupin:** autor de *Historias de San Francisco*, saga superventas y muy querida, que cuenta las aventuras de un grupo de personas.

**Ian Mckellen:** el gay más digno de Hollywood, que ha ganado millones por sus papeles de Gandalf y Magneto. McKellen también es defensor activo de los derechos de los gais.

**Bette Midler:** diva amiga de los gais que empezó su trayectoria cantando en una sauna gay.

**Harvey Milk:** alcalde de la ciudad de San Francisco, abiertamente gay, luchó por la igualdad y la protección de los gais en el trabajo. Asesinado en la flor de la vida. Un auténtico héroe.
**@BioLabMan – Harvey Milk. ¡Podría rellenar un libro con todo lo que hizo este hombre!**

**Liza Minnelli:** no solo tiene los genes de Judy Garland, sino que se ha ganado el puesto que tiene por su tumultuosa vida privada y por conseguir un Oscar por su papel en *Cabaret*.

**Hermanas Minogue:** a todo el mundo le encanta un poco de rivalidad entre hermanos. ¿Te gusta más la rubia desenfadada o la morena sensual? PELEA. Kylie se ganó el corazón de los gais porque después de ser mecánica de coches en una serie de televisión se convirtió en un fenómeno increíble del pop.

# N

**Martina Navratilova:** deportista abiertamente gay y la jugadora de tenis con más triunfos de todos los tiempos.

# O

**Rosie O'Donnell:** famosa actriz y personalidad lésbica de la televisión, sin pelos en la lengua.

**Frank Ocean:** el cantante de soul salió del armario en 2012, un gran paso para un joven negro que además estaba relacionado con el mundo estereotípicamente homófobo del hip-hop.

**Oprah Winfrey:** presentadora de televisión, muy sincera y NO LESBIANA.

# P

*Paris is Burning*: documental de 1990 sobre los espectáculos de *drag queens* de Nueva York, que dio a la comunidad un vocabulario completamente nuevo.

**Dorothy Parker:** escritora satírica estadounidense, conocida por su agudeza y sus crueles desprecios, una inspiración para todos.

**Dolly Parton:** una versión country de Cher. Una superviviente que salió de la nada para convertirse en un imperio unipersonal.

**Andrej Pejic:** modelo australiana, nacida varón pero a quien su novio, diseñador de moda, trata de «ella». Sensacional.

**Pierre et Giles:** pareja francesa de artistas gais conocida por sus fotopinturas exuberantes e hiperrealistas.

## Q

*Queer as Folk*: serie de la televisión inglesa o estadounidense, según la versión que estés viendo. La versión inglesa fue pionera en su época por la descripción de la sexualidad y relaciones entre gais y convirtió en estrella a su creador, Russell T. Davies, que a continuación resucitó *Doctor Who*.

## R

**Michelle Rodríguez:** al parecer sale con la supermodelo Cara Delevigne. La actriz de *The Fast and Furious* (*A todo gas* en España, *Rápido y furioso* en Hispanoamérica) se niega a definir sus fluctuaciones sexuales, diciendo que «los hombres son interesantes. Y las chicas también».

**Willow Rosenberg:** personaje interpretado por Alyson Hannigan en la serie *Buffy Cazavampiros*, es una de las mejores descripciones de una joven gay en televisión.

**RuPaul:** *drag queen* y cantante famoso en el mundo entero, RuPaul ha llegado a las nuevas generaciones como guía de la muy *camp RuPaul's Drag Race*. ¡FELICIDADES!

## S

**San Sebastián:** considerado a menudo el primer icono gay. Siempre se pinta medio desnudo, atormentado y muy excitante. Una musa para muchos artistas gais.

**JD Samson**: icono lésbico con bigote del grupo Le Tigre.

*Sexo en Nueva York*: creada y escrita en su mayor parte por hombres gais, esta serie que trata sobre la vida de cuatro mujeres de Nueva York es ahora un clásico *camp*. Samantha es bi, Miranda (Cinthia Nixon) es gay en la vida real y Geri Halliwell aparece en un episodio.

*Showgirls*: nada es más *camp* que esta «escandalosa» película sobre una estríper que se convierte en corista en Las Vegas. Apréndete el guión o tendrás poco de qué hablar con hombres gay. DE VISIÓN OBLIGATORIA.

**Dusty Springfield**: trágica cantante de *soul*, la Amy Winehouse de su época. También se identificaba como bisexual y se casó extraoficialmente con una mujer.

**Barbra Streisand**: cantante y actriz. No sé por qué a los hombres gais les gusta tanto. Sobre todo a los gais estadounidenses.

**Tilda Swinton**: actriz andrógina, misteriosa y perfecta. Musa de Bowie. Al igual que Cher, ahora es conocida como Tilda.

# T

**Peter Tatchell**: este hombre ha dedicado su vida al activismo gay. Puede que no lo sepáis, pero todos le debemos una jarra de cerveza.

**Gareth Thomas**: jugador profesional de rugby retirado y gay declarado. Todo deportista que sale del armario abre un centímetro más la sellada puerta homófoba del silencio en el deporte.

**Alan Turing:** genio matemático y criptógrafo que nos hizo ganar la Segunda Guerra Mundial. Se suicidó después de sufrir una castración química. Una leyenda.
**@Gavin H – Alan Turing porque sin él no sabríamos nada.**

# W

**John Waters:** escritor y director de clásicos *camp* como *Hairspray, Serial Mom* y *Pink Flamingos*. Colaborador de Divine.

**Sarah Waters:** autora conocida por utilizar personajes lésbicos en sus novelas *El lustre de la perla* y *Falsa identidad*.

**Oscar Wilde:** extraordinario autor y dramaturgo irlandés, conocido por *La importancia de llamarse Ernesto* y *El retrato de Dorian Gray*. Fue encarcelado solo por ser homosexual.

**Jeanette Winterson:** lesbiana, autora de *Fruta prohibida*.

*Will & Grace*: no es la serie estadounidense más divertida e iconoclasta de todos los tiempos, sino una comedia emitida en televisión en la franja de máxima audiencia, sobre dos hombres gais de los años noventa y principios de la década siguiente; fue un paso en la buena dirección. Y además sale Karen Walker.

Con el paso del tiempo, algunos de estos nombres se desvanecerán y llenarán su hueco nuevas y emocionantes voces y mentes. A los heteros no se les pregunta por sus «iconos heteros», y no sería justo esperar que famosos LGBT* sean modelos a seguir por el resto de nosotros, pero creo que los que lo HACEN están ayudando a que el mundo nos vea un poco mejor. Aquí tienes unas líneas para que puedas añadir tus propios iconos gais.

_____

_____

_____

_____

_____

_____

_____

# LISTA NEGRA Y BOICOT

Al igual que hay gente y organizaciones de apoyo a los gais, también es importante hacer una lista negra y boicotear a las personas y compañías homófobas.

- NO descargues música de raperos que utilicen la palabra «maricón». Son homófobos y les das dinero.

- NO veas películas basadas en libros de autores homófobos (y no compres sus libros).

- NO pagues por ver a cómicos que son abiertamente homófobos o que consolidan los mitos homófobos sobre la comunidad gay.

- NO viajes a países con leyes que no respeten los derechos humanos.

- NO compres productos de países que no respeten los derechos humanos. Por ejemplo, en el momento en que escribo esto, mucha gente se está negando a consumir vodka ruso porque en ese país ha aumentado la discriminación de los gais.

No voy a hacer una lista de cantantes, actores y personajes homófobos porque no pienso darles la más mínima publicidad. Lo más tranquilizador es que cuando un homófobo ha revelado sus verdaderos colores, tiende a perderse de vista.

Es una lección valiosa: nadie quiere verse asociado con un fanático, y mucho menos una casa discográfica o un estudio de cine.

# TENDER PUENTES

## GUÍA PARA PADRES Y TUTORES DE JÓVENES LGBT*

Hola, padres y tutores, ¿qué tal? Bien, supongo que existe la posibilidad de que hayáis comprado este libro porque alguno de vuestros retoños se haya identificado como lesbiana, bi, gay, *queer*, curioso o transgénero. Quizá lo comprasteis porque sospechabais que vuestr@ hij@ podía tener inclinaciones en ese sentido. En cualquier caso, me alegro de que lo tengáis en las manos. Estáis en el sitio apropiado.

Ser progenitor de un niño o niña LGBT* (ya dije al principio que estas iniciales representan todo el espectro de tendencias sexuales) es un auténtico desafío, pero solo en el sentido de lo que significa ser padre. Lo diré de la MANERA MÁS AMABLE POSIBLE: este libro no trata de ti. Si estás preocupado por LO QUE PUEDAN DECIR LOS VECINOS, entonces no hay mucho que yo pueda decir o hacer para ayudarte, aparte de recomendarte que lo superes. Los días de esconder a los LGBT* en armarios o tras una pared de ladrillo ya han pasado.

Bueno, analicemos un poco todo esto.

¿Hijo bi o gay? ¿Es el tema de la sexualidad lo que te preocupa? Pues te explico: los heteros también practican el coito anal. Y me parece que dos chicas juntas harán algo muy parecido a lo que haría tu hija con un hombre. Básicamente, NINGÚN padre necesita imaginar algo así, y menos aferrarse a la vieja historia de que nuestros hijos se limitan a darse la mano hasta la llegada de la cigüeña; de lo contrario nos volveremos locos.

¿Te preocupa el VIH/sida? Debería, pero también debería preocuparte en relación con tus hijos heteros: el VIH no tiene preferencias. Pero si les enseñas a tus hijos que SIEMPRE tienen que ponerse un preservativo, habrás hecho bien tu trabajo.

El MEJOR progenitor del mundo sería aquel que estuviera preparado para tener hijos gais desde la concepción, para que cuando el niño llegue al mundo no lo estés etiquetando erróneamente como hetero o cisgénero (el género que se le asigna al nacer). PREPÁRATE para cualquier eventualidad.

Al principio de este libro hablé de una conversación oída en un parque, en la que una madre le decía a su hijo que de mayor tendría que «besar a las chicas». Bueno, hay un cinco por ciento de probabilidades de que quiera besar a los chicos, así que esa madre lo estaba preparando para tener una adolescencia penosa. Lo único que un padre tiene que hacer es ser SINCERO y explicar ya en la más tierna infancia, y de una forma apropiada, que el cinco por ciento de la humanidad quiere besar a gente de su mismo sexo. Os aseguro que contar este secreto a los niños no va a «volverlos gais». De verdad, DE VERDAD, que no funciona así. Podrías hacer algo mucho PEOR que comprar un ejemplar del bonito álbum ilustrado *Tres con Tango* y compartirlo con tu hijo.

Si eres un padre que está empezando a sospechar que su hijo es LGBT*, sería genial que le dijeras que lo entiendes perfectamente. Hazle saber, con sutileza, que tienes una mente abierta. Hazle saber que estás ahí para escucharlo. No apagues el televisor cuando salgan lesbianas. Sí, eso ocurre muy a menudo. En lugar de eso, utiliza los personajes gais de la tele para demostrar tu cariño por la comunidad gay, porque de esa forma tu hijo o hija tendrá más ganas de abrirse a ti.

Si tu hijo ya ha salido del armario, leer este libro te ayudará. Te permitirá al menos echar un vistazo al futuro: todas las personas cuyas confesiones se han expuesto en este libro lo han hecho y han sobrevivido. Es más, la mayoría hemos sobrevivido conservando intactas las relaciones con nuestros padres, aunque haya habido periodos difíciles. Dificultades innecesarias, añadiría yo.

Pero no os conforméis conmigo. Pedí a todos los participantes en mi estudio que dijeran qué consejo les gustaría que les hubieran dado sus padres antes de salir del armario. Esto es lo que dijeron:

«No lo fuerces, pero aprovecha cualquier oportunidad para demostrar que aceptarás cualquier opción que ellos elijan. Mi salida del armario fue lo más fácil del mundo, gracias a una madre que nunca me obligó a nada, pero me dio la oportunidad de contárselo. Antes de salir, parece que sea lo más difícil que vayas a hacer en tu vida, y aceptar tus propias tendencias sexuales puede llevar tiempo.»

Chris, Manchester.

«Déjalos en paz. Puede que suene raro, pero si quieren hablar contigo, ya lo harán. Lo mejor que puedes hacer es procurar que sepan que te parece bien (de forma sutil, no diciéndoles directamente: "está bien que seas gay, ya sabes a qué me refiero"). Si no te parece bien, entonces es hora de que te detengas a meditar. ¿Por qué no te parece bien? ¿Cuál es el verdadero problema?»

Kayla, 21 años, Winnipeg, Canadá.

«Siguen siendo tus hijos, pero vistos de otro modo. Obligarlos a volver al armario porque te sientes incómodo es una putada. Fingir que son heteros es una cagada. Apuntarlos en un campamento de puritanos para que dejen de serlo no solo es una guarrada, sino una experiencia mental y emocionalmente desgarradora. El mundo no te debe un hijo hetero: lo produjiste, no lo reprodujiste. ¿Merece cargarse la relación con tu hijo el berrinche que pilles porque no "sigue tu camino"? Se te sigue permitiendo opinar sobre las parejas de tu hijo, sobre si son buenas personas, tienen objetivos o hacen feliz a tu hijo. Ya sabes, igual que si tu hijo fuera hetero.»

Elizabeth, 23 años, Chicago.

«Aprende de fuentes acreditadas. Sé amable al respecto, aunque por dentro estés asustado. Y PREGUNTA A TU HIJO qué le gustaría que contaras a los demás, cómo le gustaría ser representado por ti ante el resto del mundo. Y luego CÍÑETE A ESO. A tu hijo le dará confianza y le permitirá sentirse cómodo con su vida y avanzar a su propio ritmo. Permítele controlar su propia historia.»

Anónimo, 24 años, Boston, EE.UU.

«Espera a que él te lo cuente. Si le preguntas, se asustará. No es justo obligarlo a salir del armario por ti. Si realmente quieres que confíe en ti, asegúrate de crear un espacio en el que se sienta seguro y cómodo hablando contigo. Es responsabilidad tuya hacer que confíe en ti.»

E., 16 años, Michigan, EE.UU.

«Para cualquier chico que no sea hetero, crecer es un camino lleno de baches, así que escúchalo. Permítele hablar libremente y de forma abierta sobre quién es y respóndele únicamente con amor y comprensión, y asegúrale que no hay nada malo en su conducta.»

Stuart, 33 años, Reino Unido.

La mayoría de los encuestados se inclinan PRINCIPALMENTE por NO obligarlo a abandonar por la fuerza el inocente refugio infantil donde lo tenías, aunque algunos dicen claramente que preferirían una ruta más directa:

«A veces, preguntar directamente es mejor que esquivar continuamente la cuestión. Si mi madre me hubiera preguntado: "¿Eres gay?" o "¿Eres bisexual?", le habría dicho la verdad. Como no lo hizo, ha sido siempre una especie de barrera levantada en casa.»

Stephanie, 24 años, Pittsburg, Pensilvania, EE.UU.

Creo que tú, como padre, eres quien debe saber si tu hijo respondería bien a una pregunta directa.

Y para terminar, sé consciente de que la identidad de tu hijo no es «culpa» tuya y, aunque lo fuera, no es nada malo. Yo hace ya mucho tiempo que soy gay y es algo realmente divertido. Para ser sincero, en mi labor de profesor y escritor ha tenido un impacto muy leve. Antes estaba en un grupo de música y en la universidad estudié neuropsicología clínica. Tengo una licenciatura con honores. Mi sexualidad no me ha echado para atrás NUNCA.

La identidad sexual de tu hijo es una parte de él que siempre ha estado ahí. No ha cambiado nada; lo que ocurre es que ahora estás viendo el cuadro completo. ES EL MOMENTO EN QUE LA MARIPOSA EMPRENDE EL VUELO.

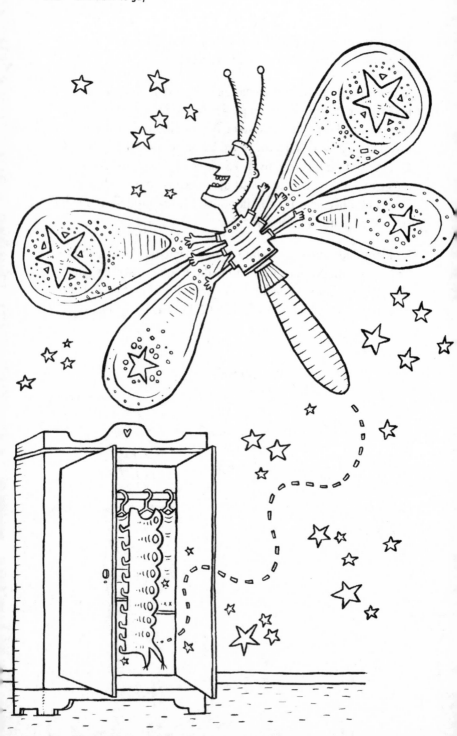

# LA
# CHULETA

# TODAS LAS PALABRAS RARAS, EN UN PISPÁS

**Activo:** el miembro de la pareja gay que «da» durante el acto sexual.

**Arnés con pene:** consolador sujeto con unas correas que se atan al bajo vientre.

**Asexual:** persona a la que no interesa el sexo o tiene poco deseo sexual.

**Beso negro:** introducción de la lengua en el ano.

**Bisexual:** persona que se siente atraída por hombres y por mujeres a la vez.

**Circuncidado o circunciso:** término que describe al hombre al que han operado de fimosis cortándole el extremo del prepucio.

**Cisgénero:** el sexo que te asignan al nacer y que coincide con el anatómico.

**Clítoris:** zona erógena femenina, localizada en el vértice superior de los labios menores.

**Consolador:** juguete sexual.

**Coprofagia:** consumo de heces.

**Coprofilia:** placer en oler, tocar o contemplar excrementos.

**Cunnilingus:** excitación oral de los genitales femeninos.

**Curioso/indeciso:** persona que se pregunta por su sexualidad.

**Dominante:** el que domina en el acto sexual.

*Drag queen/king*: intérprete del espectáculo que se viste con ropas asignadas tradicionalmente al sexo opuesto.

**Enema:** véase «Irrigación».

**Enfermedad venérea:** enfermedad de transmisión sexual.

**Felación** (variante culta de «mamada»): complacer oralmente el miembro viril.

**Gay:** término que describe a un hombre o mujer homosexual.

**Glande:** extremo superior del miembro viril.

**Glory hole:** agujero practicado en una pared o tabique para que un hombre introduzca el pene.

**Grindr:** red social para hombres gais y bisexuales.

**Interseccionalidad:** las diferentes partes que forman tu identidad y el impacto que tienen en tu vida.

**Intersexual:** término que describe a una persona nacida sin un género claro o con atributos de ambos sexos.

**Irrigación:** lavarse el recto o la vagina con una lavativa antes de tener relaciones sexuales.

**Labios mayores:** pliegues exteriores de la vulva.

**Labios menores:** los pliegues que rodean la entrada de la vagina.

**Lavativa:** aparato cuya modalidad más sencilla consiste en una bolsa de caucho y una cánula; sirve para hacer irrigaciones.

**Leche:** semen.

**Lesbiana:** mujer homosexual.

**Lluvia dorada:** orinar sobre alguien con fines eróticos.

**Lubricante:** pues eso. Facilita el acto sexual.

**Mamada:** excitación oral del miembro masculino. Véase «Felación».

**Orgasmo:** momento culminante del placer sexual. En los varones produce un movimiento muscular en todo el pene que da lugar a la eyaculación o expulsión de semen.

**Orgía:** actos sexuales en grupo.

**Pasivo:** el miembro de la pareja gay que «recibe» durante el acto sexual.

**Pene:** miembro viril, zona erógena masculina.

**Popper:** término de jerga para el nitrito de amilo, una sustancia que produce una sensación de hilaridad y un ligero mareo.

**Prepucio:** piel que cubre el extremo del pene.

***Queer*/género *queer*:** persona que se niega a etiquetar su sexualidad o género.

**«Salir del armario»:** contar a los demás cuál es tu identidad sexual; se aplica solo en el caso de los homosexuales.

**69:** excitación oral recíproca de dos personas.

**Sida:** síndrome causado por el VIH.

**Sometido:** el miembro sumiso de la pareja durante el acto sexual.

**Tijera (hacer la):** postura practicada por mujeres homosexuales que consiste en ponerse a horcajadas sobre la entrepierna de la pareja, de modo que las dos entrepiernas se toquen.

**Transexual:** persona que cambia de género y/o de sexo.

**Travestido:** persona que se viste ocasionalmente con ropa del sexo opuesto.

**Vibrador:** juguete sexual que vibra.

**VIH** (virus de la inmunodeficiencia humana): virus que afecta el sistema inmunitario.

# PARA ESCRIBIR ESTE LIBRO

Las entrevistas de *Este libro es gay* se llevaron a cabo en la primavera/verano de 2013. De los trescientos que respondieron se eligieron algunos para entrevistarlos más a fondo. Algunos nombres se han cambiado para proteger la intimidad de los entrevistados. Un fuerte abrazo a todos los que participaron.

# AGRADECIMIENTOS

Hay mucha gente a la que tengo que dar las gracias. En primer lugar, a todos los que han contribuido a la composición de este libro con su tiempo y con sus historias. No habría podido hacerlo sin vosotros, en serio. Gracias en especial a All Sorts Youth Group de Brighton y a Wayne Dhesi de Stonewall.

Gracias de nuevo a Tori Kosara, mi editor, que sugirió el proyecto y además lo apoyó durante todo el tiempo que duró. No estaba seguro de que diera para un libro, pero aquí está el resultado, y creo que ambos podemos sentirnos orgullosos de él. Las fantásticas ilustraciones son aportación de Spike Gerrell y creo que han dado vida a las palabras.

Gracias a todos los de Hot Key y Red Lemon. Los libros como éste son trabajos de equipo. Gracias a Jet y Dan por la cubierta y el diseño, y a Emma por revisarlo todo. Equipo SPAM: os quiero.

Para terminar, gracias como siempre a Jo, mi fantástica agente.

# SOBRE EL AUTOR

Durante ocho años James Dawson ha sido profesor especializado en Educación para la Ciudadanía y el Desarrollo Personal y Social. En 2013 escribió *Being a Boy*, la guía definitiva de la pubertad, la sexualidad y las relaciones de los jóvenes. Es uno de los modelos de conducta de las escuelas Stonewall.

Además de experto en temas sexuales, su primera novela, *Hollow Pike*, mereció la nominación para el prestigioso premio Queen of Teen. Posteriormente publicó otras dos novelas para jóvenes, *Cruel Summer* y *Say Her Name*.

Cuando no escribe libros para asustar de un modo u otro a los adolescentes, James escucha música pop y ve películas de miedo y la serie *Doctor Who*. Vive y escribe en Londres.

Podéis seguirlo en www.askjamesdawson.com

o en Twitter: @_jamesdawson

# PUCK

## AVALON

Libros de *fantasy* y *paranormal* para jóvenes, con los que descubrir nuevos mundos y universos.

## LATIDOS

Los libros de esta colección desprenden amor y romance. Ideales para los lectores más románticos.

## LILLIPUT

La colección para niños y niñas de 9 a 14 años, con historias llenas de aventuras para disfrutar de verdad de la lectura.

## SERENDIPIA

Una serendipia es un hallazgo inesperado y esto es lo que son los libros de esta colección: pequeños tesoros en forma de historias contemporáneas para jóvenes.

## SINGULAR

Libros *crossover* que cuentan historias que no entienden de edades y que pueden disfrutar tanto un niño como un adulto.

## ¿Cuál es tu colección?

Encuentra tu libro Puck en:
www.mundopuck.com

puck_ed
mundopuck

# ECOSISTEMA DIGITAL